DIE 32 GESETZE *für* WOHLSTAND *und* ERFOLG

Wir übernehmen Verantwortung! Ökologisch und sozial!

- Verzicht auf Plastik: kein Einschweißen der Bücher in Folie
- Nachhaltige Produktion: Verwendung von Papier aus nachhaltig bewirtschafteten Wäldern, PEFC-zertifiziert
- Stärkung des Wirtschaftsstandorts Deutschland: Herstellung und Druck in Deutschland

DIE 32 GESETZE *für* WOHLSTAND *und* ERFOLG

Verändern Sie Ihr Leben und entfalten Sie Ihr volles Potenzial!

BRIAN TRACY

GABAL

Originaltitel: »The 32 Unbreakable Laws of Money and Success: Transform your Life and Unlock Your Unlimited Potential«

First published 2024 by Berrett-Koehler Publishers, Inc., Oakland, CA, USA.

Published by arrangement with Maria Pinto-Peuckmann, Literacy Agency, World Copyright Promotion, Kaufering, Germany

Externe Links wurden bis zum Zeitpunkt der Drucklegung des Buches geprüft. Auf etwaige Änderungen zu einem späteren Zeitpunkt hat der Verlag keinen Einfluss. Eine Haftung des Verlags ist daher ausgeschlossen.

Ein Hinweis zu gendergerechter Sprache: Die Entscheidung, in welcher Form alle Geschlechter angesprochen werden, obliegt den jeweiligen Verfassenden.

Bibliografische Information der Deutschen Nationalbibliothek
Die Deutsche Nationalbibliothek verzeichnet diese Publikation in der Deutschen Nationalbibliografie; detaillierte bibliografische Daten sind im Internet über http://dnb.d-nb.de abrufbar.

ISBN 978-3-96739-208-1

Lektorat: Silke Martin, Kriftel
Umschlaggestaltung: Martin Zech Design, Bremen | www.martinzech.de
Umschlagabbildung: Pollawat Saengthong / Vecteezy.com
Autorenfoto: © Brian Tracy
Satz und Layout: Zerosoft, Timisoara (Rumänien)
Druck und Bindung: Salzland Druck, Staßfurt

Wir drucken in Deutschland.
www.gabal-verlag.de
www.gabal-magazin.de
www.facebook.com/Gabalbuecher
www.twitter.com/gabalbuecher
www.instagram.com/gabalbuecher

PEFC
PEFC/04-31-2251

PEFC-zertifiziert
Dieses Produkt stammt aus nachhaltig bewirtschafteten Wäldern und kontrollierten Quellen
www.pefc.de

Dieses Buch widme ich meiner lieben Frau Barbara, die seit 48 Jahren die Liebe meines Lebens, meine Seelengefährtin und Mutter unserer vier wunderbaren Kinder Christina, Michael, David und Catherine ist. Du machst mich zu einem sehr glücklichen Mann.

Inhalt

Teil zwei: Praktische, bewährte Techniken und Methoden, mit denen Sie Ihr Einkommen verdoppeln und verdreifachen können

Einleitung

ÄNDERN SIE IHRE DENKWEISE, ÄNDERN SIE IHR LEBEN

Goethe hat einmal gesagt: „... die Natur versteht gar keinen Spaß, sie ist immer wahr, immer ernst, immer strenge, sie hat immer recht, und die Fehler und Irrtümer sind immer des Menschen. Den Unzulänglichen verschmäht sie, und nur dem Zulänglichen, Wahren und Reinen ergibt sie sich und offenbart ihm ihre Geheimnisse."*

In keiner Zeit der Menschheitsgeschichte lebte es sich so gut wie heute. Nie zuvor gab es mehr Chancen und Möglichkeiten für Sie, länger zu leben, glücklicher zu sein, mehr Geld zu verdienen und in allen Lebensbereichen großen Erfolg zu haben. Die einzigen Grenzen Ihrer Leistungen und Errungenschaften sind diejenigen, die Sie sich mit Ihrem Denken und Handeln selber setzen.

---

* im Gespräch mit Johann Peter Eckermann, 13. Februar 1829

Welche Zahl streben Sie an?

Um Ihr wahres finanzielles Potenzial zu verwirklichen, müssen Sie zunächst einmal eine wichtige Entscheidung treffen: Auf welches Nettovermögen möchten Sie im Lauf Ihres beruflichen Lebens kommen? Man kann kein Ziel erreichen, das man nicht sieht.

Wie Sie in diesem Buch erfahren werden, steigt die Wahrscheinlichkeit, dass Sie Ihr Ziel erreichen, um das Fünf- bis Zehnfache, wenn Sie sich überlegen, wie viel Geld Sie ansparen möchten. Dieses Nettovermögen ist die Messlatte, anhand derer Sie sich nicht nur mit anderen Menschen vergleichen, sondern auch die jetzige Höhe Ihres Vermögens beurteilen können. Rechnen Sie sich aus, wie viel Sie zurzeit besitzen, und entscheiden Sie dann, wie viel Sie noch verdienen müssen. Halten Sie sich diese Zahl immer wieder vor Augen, bis sie zu einem Teil Ihrer Weltsicht geworden ist.

Im Alter von 25 Jahren las ich einen Artikel in der Zeitschrift *Fortune*, in dem es hieß, dass man ein Nettovermögen von zehn Millionen Dollar braucht, um reich zu sein. Um superreich zu sein, braucht man 30 Millionen oder sogar noch mehr.

Diese zehn Millionen Dollar wurden zu meiner Zahl. Ich begann mich mit den Biografien von Menschen zu beschäftigen, die mit leeren Händen angefangen und es schließlich zum Millionär oder Milliardär gebracht hatten. Ich versuchte das Vorgehen dieser Leute so gut wie möglich zu kopieren und verglich mein eigenes Vermögen jedes Jahr mit dieser Messlatte. Ich machte ein paar Fortschritte und dann wieder ein paar Rückschritte. Es dauerte mehrere Jahre, doch schließlich wurde ich Millionär – und eines Tages besaß ich sogar zehn Millionen.

In diesem Buch erfahren Sie, wie Sie es den Selfmade-Millionären dieser Welt nachtun können; und wenn Sie in Ihren Bemühungen nicht lockerlassen, werden Sie früher oder später die gleichen Erfolge erzielen wie sie.

Es gibt ein bekanntes Sprichwort: „Die erste Million ist am schwersten." Die zweite Million ergibt sich mit zwangsläufiger Sicherheit daraus wie das Amen in der Kirche!

Um Ihre erste Million zu verdienen, müssen Sie ein anderer Mensch werden als derjenige, der Sie heute sind. Sie müssen Eigenschaften wie Mut, Ausdauer und Selbstdisziplin entwickeln – und zwar in einem Ausmaß, das weit über dem menschlichen Durchschnitt liegt. Und wenn dann vielleicht irgendetwas passiert, wodurch Sie Ihr ganzes Geld wieder verlieren, werden Sie es viel schneller zurückgewinnen, als Sie gebraucht haben, um in den Besitz Ihrer ersten Million zu kommen, weil Sie jetzt *innerlich* Millionär sind. Sie denken und handeln wie ein Millionär und werden daher auch bald wieder einer sein.

Die Macht des Ehrgeizes

Wissenschaftler der Harvard University haben vor ein paar Jahren eine Studie durchgeführt, um die Frage zu beantworten: „Welches ist die wichtigste Eigenschaft, die man braucht, um im Verkauf und als Unternehmer erfolgreich zu sein?" Die Antwort lautete: *Ehrgeiz*.

Um es ganz einfach auszudrücken: Ehrgeizige Menschen sind *hungrig*. Sie haben großes Verlangen nach Erfolg – vor allem finanziellem Erfolg. Dieser brennende Ehrgeiz, der mehr oder weniger alle erfolgreichen Menschen erfüllt, ist der wichtigste Schlüsselfaktor für ihren Erfolg. Außerdem glauben solche Menschen daran, dass sie es schaffen können und letztendlich auch schaffen werden, ihr Ziel zu erreichen – so schwierig das auch sein mag, vor allem am Anfang.

Dieses Buch habe ich für ehrgeizige und „hungrige“ Menschen geschrieben, die bereit sind, den Preis für ihren Erfolg immer wieder zu zahlen, egal wie lange sie brauchen, um dieses Ziel zu erreichen. Solche Leute geben niemals auf.

Wenn das auf Sie zutrifft, dann lesen Sie weiter. Sie sind im Begriff, sich auf eines der größten Abenteuer Ihres finanziellen Lebens einzulassen!

Die meisten Menschen fangen klein an

In meiner Kindheit hatte meine Familie nie Geld. Es war immer das alte Lied: „Wir können uns dies nicht leisten, wir können uns das nicht leisten, wir können uns jenes nicht leisten.“ Seit meinem zehnten Lebensjahr schlug ich mich hauptsächlich mit Gelegenheitsjobs in der Nachbarschaft durch. Anfangs mähte ich Rasen, jätete Unkraut und trug um fünf Uhr morgens Zeitungen aus. Als ich dann älter wurde und zur Schule ging, drehte ich meine Runden als Zeitungsausträger nachmittags und abends.

Dabei lernte ich schon frühzeitig, dass es einen direkten Zusammenhang zwischen Ergebnissen und Belohnungen gibt. Mir wurde klar, dass ich so ziemlich alles haben konnte, was ich mir wünschte, wenn ich bereit war, lange und hart genug dafür zu arbeiten. Als ich 14 Jahre alt war, half mein Vater mir beim Bau eines einer Rikscha ähnlichen Wagens, den ich hinter meinem Fahrrad herzog und mit dem ich meinen Benzinrasenmäher und meinen Kantenschneider von Haus zu Haus transportierte. Mit dieser Ausrüstung (die für einen Vierzehnjährigen anfangs kaum erschwinglich war) konnte ich die Grünflächen meiner Nachbarn wunderschön in Form bringen und wurde auch recht gut dafür bezahlt. Mit 15 Jahren verdiente ich bereits *mehr* Geld als mein Vater!

Dieses Geschäft mit dem Rasenmähen war meine erste Begegnung mit dem Wunder des *Kapitalismus*. Man könnte dieses Konzept auch als *Spar-ismus* bezeichnen: Wenn Sie Ihr Geld sparen und es in materielle Dinge (beispielsweise Rasenmäher) und immaterielle Objekte (zum Beispiel zusätzliche Kenntnisse und Fähigkeiten) investieren, können Sie Ihr Einkommen steigern oder sogar vervielfachen.

Schließlich ging ich ohne Abschluss von der Highschool ab. Meine Freunde erhielten Abschlusszeugnisse, während ich selbst am Ende lediglich ein Abgangszeugnis in den Händen hielt. Mein erster Job wurde stundenweise bezahlt: Ich arbeitete als Tellerwäscher in einem kleinen Hotel. Danach wusch ich Autos auf einem Parkplatz. Anschließend putzte ich Böden für einen Hausmeisterservice. Irgendwie kam es mir allmählich so vor, als würde *Reinigen und Putzen* meine Zukunft sein.

Ich nahm einen Job nach dem anderen an und tat, was ich konnte, um mir etwas zu essen und Benzin für mein altes Auto kaufen zu können: Ich fällte im Wald Bäume mit einer Kettensäge. Ich arbeitete in Fabriken und Sägewerken am Fließband und grub Brunnen auf Farmen. Ich schlief in meinem Auto und war nie weiter als einen Gehaltsscheck vom Hunger entfernt.

Mit 21 Jahren bekam ich einen Job auf einem Schiff und zog los, um die Welt zu sehen. Acht Jahre lang bereiste ich über 80 Länder auf allen großen Kontinenten. Ich arbeitete als Matrose auf einem norwegischen Frachter und jobbte zwischendurch immer wieder an Land – je nachdem, wo mein Schiff gerade anlegte. Als ich keine Jobs als Matrose mehr fand, verdingte ich mich als Wanderarbeiter in der Landwirtschaft. Das ist jemand, der während der Erntezeit angeheuert wird und nachts in der Scheune des Farmers im Heu schläft. Nach der Ernte war ich wieder arbeitslos.

Als ich keine solchen Knochenjobs mehr finden konnte, nahm ich eine Stellung im Verkauf an, wo ich jedoch nur Provisionslohn erhielt, und ging von Tür zu Tür, um Büroartikel zu verkaufen. Ich wohnte in einer kleinen Pension und lebte von Provision zu Provision.

Meine erste Zielsetzungsübung

Eines Tages ergriff ich zwei Maßnahmen, die mein Leben veränderten. Erstens stellte ich eine Liste mit zehn Zielen auf, die ich in den nächsten zwölf Monaten erreichen wollte. Diese einfache Übung, auf die ich in einer Zeitschrift gestoßen war, hat mein Leben für immer verändert: Innerhalb eines Monats – nicht eines Jahres – hatte ich alle zehn Ziele erreicht. (Eines meiner Ziele bestand, wie Sie sich sicherlich vorstellen können, darin, mehr Geld zu verdienen.) Ich schlief nicht mehr in einer billigen Pension, sondern besaß ein eigenes möbliertes Appartement. Und ich fing an, mehr Geld zu verdienen, als ich je für möglich gehalten hätte.

Eine wichtige Fähigkeit

Meine zweite lebensverändernde Entscheidung bestand darin, mich zu fragen: „Welche Fähigkeit könnte mir am meisten helfen, mein Einkommen zu erhöhen, wenn ich sie hundertprozentig perfekt beherrschen würde?“ Ich kam zu dem Ergebnis, dass diese Fähigkeit das *Abschließen von Geschäften* war. Denn ich hatte zwar keine Angst davor, an Türen zu klopfen oder wildfremde Menschen anzusprechen, aber wenn es zum *Geschäftsabschluss* kam – wenn ich den Kunden dazu bringen musste, eine Kaufentscheidung zu treffen –, war ich jedes Mal wie gelähmt: Ich wusste einfach nicht, was ich sagen sollte.

Als Ausgleich für mein fehlendes Verkaufstraining begann ich, sämtliche Bücher über den Verkaufsprozess zu kaufen und zu lesen, die ich finden konnte – vor allem solche, in denen es darum ging, *wie* man Interessenten zum Kauf motiviert, ohne Druck auszuüben oder mit irgendwelchen Tricks zu arbeiten. Je mehr ich lernte und übte, umso besser wurde ich als Verkäufer. Innerhalb eines Jahres hatte ich mein Einkommen verdoppelt, kurze Zeit später war es sogar dreimal so hoch. Und innerhalb von zwei Jahren hatte ich meine Einkünfte verzehnfacht und ein Dutzend anderer Verkäufer eingestellt und ausgebildet, die auf Provisionsbasis für mich arbeiteten. Damals war ich 25 Jahre alt.

Meine erste große Entdeckung

Damals gewann ich meine erste bahnbrechende Erkenntnis: Man kann alles lernen, was man lernen muss, und damit jedes Ziel erreichen. Es gibt so gut wie gar keine Grenzen. Manchmal kann sogar schon eine einzige Fähigkeit, die Sie zum jetzigen Repertoire Ihrer Fähigkeiten hinzufügen, Ihr Einkommen verdoppeln und Ihr Leben verändern. Das Wichtigste an dieser Erkenntnis war für mich die Tatsache, dass ich mein Leben und meine Zukunft selbst in der Hand hatte.

Mein nächster Schritt bestand darin, einen Ausgleich für meinen fehlenden Schulabschluss zu schaffen. Denn es ist zwar nichts Schlimmes daran, zu Beginn seiner Karriere unwissend zu sein, aber es ist unverzeihlich, unwissend zu bleiben, obwohl es doch an allen Ecken und Enden Hunderte von hervorragenden Erfolgsideen gibt.

Ich weiß noch genau, wie ich damals das Buch *The Story of Philosophy* von Will Durant (ursprünglich im Jahr 1926 veröffentlicht und seitdem in vielen Auflagen nachgedruckt) gekauft und gelesen habe. Ich dachte, dass ich aus diesem Buch – und weiteren ähnlichen Büchern – etwas lernen und dadurch klüger werden würde.

Dieses Buch ist eine Zusammenfassung der besten Gedanken großer Philosophen – einiger der klügsten Menschen, die je gelebt haben. Ich habe mir vor allem die Lehren von Aristoteles – dem wohl größten Philosophen aller Zeiten – zu Gemüte geführt. Es heißt, dass die ganze Philosophie der letzten 2000 Jahre lediglich aus Fußnoten zu den Erkenntnissen von Aristoteles besteht.

Um 350 v. Chr. hat Aristoteles ein Prinzip entdeckt, das die Welt für immer veränderte. In einer Zeit, in der die Menschen glaubten, dass alles, was auf unserer Welt geschieht, auf Zufälle und das unberechenbare Verhalten der Götter auf dem Olymp zurückzuführen sei, war Aristoteles vom Gegenteil überzeugt: Er erklärte, dass es keine unerklärlichen Ereignisse gibt, dass nichts ohne Ursache geschieht. Es gibt keine seltsamen Zufälle. Alles passiert aus einem bestimmten Grund.

Wenn Sie ein Ziel erreichen wollen, sollten Sie also herausfinden, was andere Menschen getan haben, um an dieses Ziel zu gelangen, und dann genau das Gleiche tun, und zwar immer und immer wieder – so lange, bis Sie die gleichen Fähigkeiten beherrschen und die gleichen Ergebnisse erzielt haben wie Ihre Vorbilder. Dieses Gesetz – das aristotelische *Prinzip der Kausalität* – ist vielleicht das wichtigste Gesetz, das je entdeckt wurde.

Von da an befasste ich mich mit dem Leben erfolgreicher Menschen, die mit nichts angefangen hatten, aber dann – indem sie bestimmte Strategien immer wieder einsetzten und sich kontinuierlich darin verbesserten – mit der Zeit immer größere Erfolge erzielten, immer mehr Geld verdienten. Und die anschließend dafür sorgten, dass ihnen dieses Geld *nicht wieder durch die Finger rann*. Indem ich das Vorgehen dieser Leute nachahmte – und zwar immer und immer wieder –, bin ich schließlich zum Millionär geworden.

Eine zufällige Begegnung

Als professioneller Redner und Seminarleiter begann ich anderen Menschen (zuerst in den USA und schließlich weltweit) diese Prinzipien zu vermitteln; insgesamt habe ich sie bisher über fünf Millionen Kursteilnehmenden in 84 Ländern beigebracht. Tausende davon sind Millionäre geworden, nachdem sie diese Prinzipien in ihrem Leben und bei ihrer Arbeit angewendet hatten.

Vor Kurzem nahm ich an einer großen Konferenz (mit 2500 Personen) in Washington, D.C. teil. Ein mir unbekannter Mann, der mich von früher her wiedererkannte, kam auf mich zu und sagte: „Sie haben mein Leben verändert; Sie haben mich reich gemacht."

Zufälligerweise habe ich diese Worte inzwischen schon unzählige Male gehört, Woche für Woche und Jahr für Jahr, sowohl persönlich als auch in E-Mails und Briefen: „Sie haben mein Leben verändert; Sie haben mich reich gemacht."

Ich stellte dem Mann die gleiche Frage, die ich in solchen Fällen immer stelle: „Welche meiner Kursmaterialien haben Ihnen denn am meisten gebracht?"

Und freudestrahlend wiederholte er die gleichen Worte, die ich inzwischen schon Hunderte von Malen gehört habe: „Die *Ziele*. Bevor ich mir Ihre Programme anhörte oder Ihre Bücher las, hatte ich keine Ahnung, wie wichtig es ist, genau zu wissen, was ich will, und dann auch wirklich jeden Tag an der Erreichung dieser Ziele zu arbeiten. Diese eine Idee hat mein ganzes Leben verändert."

In diesem Buch werden Sie nicht nur eine Idee, sondern eine ganze Reihe von Prinzipien und Gesetzmäßigkeiten kennenlernen, die auch Ihr Leben für immer verändern werden. Wie man sich Ziele setzt und diese auf die richtige Art und Weise erreicht, ist übrigens nur eine der Fähigkeiten, auf die es dabei ankommt. Sie werden auch lernen, wie man durch die konsequente Anwendung dieser Gesetze auf das Gaspedal seines eigenen Potenzials treten und seine Ziele sehr viel schneller verwirklichen kann.

Teil Eins

Entwickeln Sie die richtige Lebenseinstellung für Ihren finanziellen Erfolg

Kapitel 1

Das Gesetz der Kausalität

Versuchen Sie niemals gegen Naturgesetze zu verstoßen. Dabei können Sie nur verlieren.

Hier kommt eine kleine Quizfrage für Sie: „Worin besteht der Unterschied zwischen einem Gesetz und anderen abstrakten Dingen, beispielsweise einer Theorie, einem Prinzip oder einer Idee?“ Die Antwort auf diese Frage lautet, dass ein Gesetz *immer* zutrifft – auf alle Menschen, zu allen Zeiten und unter allen Umständen. Deshalb bezeichnet man es als Gesetz. Jede andere Idee kann teilweise wahr oder falsch sein – je nach den äußeren Umständen und der Persönlichkeit des Menschen, der danach handelt. Ein Gesetz dagegen ist unveränderlich – wie zum Beispiel das Gesetz der Schwerkraft.

Dieses Gesetz besagt, dass immer alles nach *unten* fällt. Sir Isaac Newton soll es entdeckt haben, als er unter einem Baum saß und einen Apfel herunterfallen sah. Daraufhin formulierte er das erste Newtonsche Gesetz. Dabei handelt es sich genau deshalb um ein Gesetz, weil es immer und unter allen Umständen für alle Menschen gilt: Auf der Erde fallen Gegenstände stets nach *unten*, nicht nach oben.

Leider sind sich viele Menschen nicht darüber im Klaren, dass es unveränderbare, unabänderliche Gesetze gibt. Sie hoffen, dass die Naturgewalt dieser Gesetze sich vorübergehend außer Kraft setzen lässt, wenn sie nur fest genug an ein gewünschtes Ergebnis glauben und es sich erhoffen und ersehnen, dass sie dann trotz ihres Handelns oder Nichthandelns das bekommen werden, was sie wollen. Solche Menschen wünschen sich im Grunde nichts anderes, als dass Gegenstände nach *oben* fallen statt nach unten. Doch wie wir bereits erwähnt haben, ist die Natur eine neutrale Kraft. Wenn die Natur unberechenbar wäre und sich nicht an bestimmte Gesetze halten würde, dann wären unsere Welt und unser Leben chaotisch und unberechenbar.

Das erste große Gesetz, das Aristoteles formulierte, war das Gesetz der Kausalität. Das Alte und das Neue Testament erklären diesen Sachverhalt anhand der Begriffe von *Aussaat und Ernte* oder *Ursache und Wirkung*. Diese Regel besagt, dass alles, was geschieht, aus einem bestimmten *Grund,* oder mehreren Gründen, geschieht.

Dieses Gesetz (zu dem es mehrere Nebengesetze gibt) bildet die Grundlage allen Denkens – das Fundament der Philosophie, Wissenschaft, Medizin, Physik, auf dem fast alles uns Menschen bekannte Wissen beruht. Es ist der Grund für Erfolg und Misserfolg, Reichtum und Armut – eigentlich für so gut wie alles, was Ihnen widerfährt.

Das Gesetz der Aktion, so wie Albert Einstein es definiert hat, besagt, dass erst dann etwas passiert, wenn etwas – oder jemand – sich bewegt. Es passiert also nichts, wenn Sie nicht handeln, wenn Sie nicht *irgendetwas* tun. Und diese Aktion, die erforderlich ist, damit etwas passiert, unterscheidet sich oft von dem, was Sie jetzt gerade tun. Hier kommt eine weitere wichtige Erkenntnis von Albert Einstein ins Spiel: „Die reinste Form des Wahnsinns ist es, alles beim Alten zu lassen und gleichzeitig zu hoffen, dass sich etwas ändert.“

Oder wie mein Freund Marek Stelmaszak sagt: „Ihr Erfolg im Leben steht in direktem Verhältnis zur Wirkungsstärke Ihres Tuns. Letztendlich zählen nicht Ihre Ankündigungen, sondern nur Ihre Taten."

Um wirklich Erfolg zu haben, müssen Sie also stets in konkreten Maßnahmen denken, die Sie dann auch *sofort* ergreifen werden. Alle erfolgreichen Menschen sind äußerst *handlungsorientiert*. Wenn irgendetwas nicht klappt, dann versuchen Sie es also immer wieder – oder versuchen Sie etwas anderes! Oder wie William Shakespeare einmal gesagt hat: „Wappne dich gegen ein Meer von Schwierigkeiten und setze ihnen ein Ende, indem du ihnen entschlossen entgegentrittst."

ÜBUNG

Bitte beantworten Sie sich nun einmal folgende Frage: „Welche Aufgabe oder Aktivität hätte den größten positiven Einfluss auf Ihr Leben, wenn Sie sie jetzt gleich erledigen würden, und zwar gut?" Egal wie Ihre Antwort lautet – lassen Sie alles, was Sie gerade tun, stehen und liegen und widmen Sie sich nur noch dieser einen Aufgabe, und zwar so lange, bis sie hundertprozentig erledigt ist! Schon allein dieser eine Schritt könnte Ihr Leben verändern.

Kapitel 2

Das Gesetz des Ausgleichs

Das Gesetz des Ausgleichs besagt, dass man stets in gleichem oder höherem Maß für seinen *Beitrag* entschädigt wird. Das ist eines der wichtigsten Gesetze für Ihren persönlichen Erfolg. In der Physik besagt Newtons drittes Gesetz, das Wechselwirkungsprinzip, dass auf jede Aktion eine gleich starke entgegengesetzte Reaktion folgt.

Im Leben gibt es eine ganz ähnliche Regel: das Gesetz des Ausgleichs, das besagt, dass Sie für alles, was Sie tun, etwas zurückbekommen – vor allem im Arbeitsleben und in Ihren zwischenmenschlichen Beziehungen. Sie werden immer eine gleichwertige oder sogar höhere Vergütung für das erhalten, was Sie investieren. Und was oder wie viel Sie investieren möchten, das haben Sie weitgehend selbst unter Kontrolle.

Die erste Konsequenz aus diesem Gesetz lautet, dass alles, was Sie heute in irgendeinem Bereich Ihres Lebens erhalten, davon abhängt, wie Ihr Leben heute gestaltet ist. Wenn Sie in Zukunft etwas Neues oder anderes haben möchten, müssen Sie Ihr Leben anders gestalten.

Eine einfache Möglichkeit, sich Ihr Leben anders einzurichten, könnte zum Beispiel folgendermaßen aussehen: Fangen Sie morgens eine Stunde früher mit der Arbeit an, arbeiten Sie während der Mittagspause durch und bleiben

Sie abends eine Stunde länger. Mit dieser einfachen Strategie gewinnen Sie jeden Tag drei Stunden produktiver Zeit hinzu. Damit können Sie Ihre Produktivität und Ihren Wert im Vergleich zu Ihren Kollegen verdoppeln.

Suchen Sie ständig nach Möglichkeiten, mehr zu tun als alle anderen. Und machen Sie sich dabei keine Gedanken darüber, ob Sie für Ihre zusätzliche Arbeit entlohnt werden oder nicht. Die Menschen, die für Ihre Karriere wichtig sind, beobachten Sie. Alles, was Sie in Ihre Arbeit investieren, werden Sie letzten Endes auch wieder herausbekommen – und sogar noch mehr.

Oder wie der amerikanische Unternehmer Jim Rohn einmal gesagt hat: „Wenn Sie an Ihren Talenten arbeiten, werden diese Ihnen den Weg ebnen."

Die zweite Konsequenz aus dem Gesetz der Wechselwirkung ist das Gesetz von Aussaat und Ernte. Nach diesem Gesetz kommt alles, was Sie säen oder investieren, zu Ihnen zurück – oft sogar in vielfacher Form. Allerdings haben Sie bei diesem Prozess nur die *Aussaat* oder Investition unter Kontrolle. Die Entschädigung oder Belohnung (also das, was Ihr Einsatz Ihnen letztendlich bringt) fließt Ihnen als Ergebnis dieses Naturgesetzes automatisch zu.

Napoleon Hill, der Autor des berühmten Erfolgsbuchs *Denke nach und werde reich* [Originaltitel: *Think and Grow Rich*] (1937), soll einmal gesagt haben: „Tun Sie stets mehr als das, wofür Sie bezahlt werden. Legen Sie bei Ihren Bemühungen immer noch eine Schippe drauf. Sie werden sehen: Es lohnt sich!"

ÜBUNG

Fragen Sie sich stets: „Wie kann ich den Wert meines heutigen Beitrags erhöhen?“ Suchen Sie ständig nach Möglichkeiten, Ihrem Unternehmen und anderen Menschen noch mehr und noch besser zu dienen.

Kapitel 3

Das Gesetz der Kontrolle

Das Gesetz der Kontrolle besagt, dass Sie sich und Ihr Leben in dem Maße positiv einschätzen, in dem Sie glauben, dieses Leben unter Kontrolle zu haben.

Nach diesem Gesetz, das thematisch zum Gesetz der Kausalität gehört, freuen Sie sich also in dem Ausmaß über sich selbst und Ihr Leben, wie Sie denken, *die Kontrolle darüber zu haben*, was Ihnen widerfährt und was in Ihrem Umfeld passiert. Wenn Sie sich klare Ziele setzen, diese schriftlich festhalten und jeden Tag an ihrer Umsetzung arbeiten, vermittelt Ihnen das ein enormes Gefühl von Kontrolle und persönlicher Macht. Mit jedem Schritt, den Sie auf eine Sache zugehen, die Ihnen wichtig ist, haben Sie das Gefühl, mehr Kontrolle über Ihr Leben auszuüben. Sie werden dann nicht nur viel mehr erreichen als der Durchschnittsmensch, sondern es wird Ihnen auch viel schneller gelingen, als Sie es sich heute vorstellen können. Und wenn Sie glauben, Ihr Leben hundertprozentig im Griff zu haben, bringt Ihnen das gleichzeitig auch viel mehr Energie und Klarheit in allen Lebensbereichen.

Bewusst und unbewusst streben wir alle ständig danach, mehr Kontrolle über wichtige Bereiche unseres Lebens und unserer Aktivitäten zu erlangen. Wenn Sie das Gefühl haben, irgendeinen Lebensbereich, vor allem Ihre zwischenmenschlichen Beziehungen, *nicht unter Kontrolle* zu haben, verursacht das Stress: Oft sind Sie dann so sehr mit sich selbst beschäftigt, dass Sie an gar nichts anderes mehr denken können. Ein *Gefühl der Kontrolle* ist also der Schlüssel zu Glück und persönlicher Stärke.

Ihr wichtigster Wert

Eines Nachmittags schaute Mark Waldman, ein Unternehmensberater und guter Freund von mir, bei mir im Büro vorbei, um Hallo zu sagen. Ich fragte ihn, was er denn zurzeit mache. Daraufhin erzählte er mir, dass er gerade daran arbeite, seinen Kunden bei der Beantwortung der Frage zu helfen: „Was ist momentan mein wichtigster Wert im Leben?“ Diese Frage stelle er seinen Geschäftskunden stets als Gesprächseinstieg.

Und das ist eine ganz hervorragende Frage. Zu jenem Zeitpunkt hatte ich mich bereits jahrelang mit der Praxis der Werteklärung beschäftigt und wusste, wie wichtig Werte für ein glückliches Leben sind. Diese Übung war das Kernelement meiner strategischen Planungsprogramme für Unternehmen: Was ist den Menschen am wichtigsten – woran glauben sie?

Bei einer Besprechung mit zwölf Unternehmern in meinem Büro stellte ich allen Teilnehmern diese Frage. Wir gingen um den Tisch herum, sammelten die Antworten und diskutierten darüber. Wir verbrachten den ganzen restlichen Nachmittag damit, unsere Antworten zu besprechen und näher auszuarbeiten; und die Ergebnisse waren sehr aufschlussreich.

Und nun versuchen Sie diese Frage einmal für sich selbst zu beantworten: Worin besteht der wichtigste Wert in Ihrem Leben? Kennen Sie ihn?

Werden Sie sich über Ihre wichtigsten Werte klar

Ich kam bei diesen Überlegungen zu dem Schluss, dass mein wichtigster Wert im Leben die *Freiheit* war. Frei zu sein, war mir wichtiger als alles andere.

Da Ihre Werte stets in Ihren Handlungen zum Ausdruck kommen – vor allem, wenn Sie *unter Druck* stehen –, können Sie Ihr früheres Verhalten analysieren, um festzustellen, was Ihnen wirklich wichtig ist und am Herzen liegt.

Wenn Sie mit Ihren wichtigsten Werten in *Einklang* leben, sind Sie dagegen wirklich glücklich. Wenn Sie Ihren innersten Werten und Überzeugungen *untreu werden,* sind Sie gestresst und unglücklich. Ein Leben in harmonischem Einklang mit Ihren Hauptwerten ist also ein wichtiger Schlüssel zu Ihrem persönlichen Erfolg.

Im Lauf der Jahre habe ich festgestellt, dass man sehr viel Stress und Unzufriedenheit abbauen kann, indem man Freiheit – sei es die eigene oder diejenige anderer Menschen – zum wichtigsten Organisationsprinzip seiner Beziehungen und geschäftlichen Aktivitäten macht. Denn dann kann man mehr Zeit darauf verwenden, die Qualität seines eigenen Lebens und die Lebensqualität seiner Familie zu verbessern und etwas für sein persönliches Wohlbefinden zu tun.

Durch welche äußeren Umstände fühlen Sie sich in Ihrer Freiheit eingeschränkt? Die größte Einschränkung Ihrer Freiheit, das zu tun, was Sie wollen, ist normalerweise das Geld: Sie haben einfach nicht genug davon.

ÜBUNG

Werden Sie sich heute über die wichtigsten Werte in Ihrem Leben klar. Wofür stehen Sie und wofür nicht? Was halten andere Menschen aufgrund ihrer Erfahrungen mit Ihnen für Ihre wichtigsten Wertvorstellungen?

Kapitel 4

Das Gesetz der Verantwortung

Das Gesetz der Verantwortung besagt, dass Sie für Ihr Leben und für Ihren Umgang mit unterschiedlichsten Situationen selbst verantwortlich sind.

Aristoteles lehrte, dass das höchste Ziel allen menschlichen Lebens das *Glück* ist. Glück ist die wichtigste treibende Kraft unseres Handelns. Bei allem, was Sie tun, streben Sie letztendlich nach Glück: Sie möchten nach dieser Aktion glücklicher sein als vorher. Die Frage ist nur: „Wie gut gelingt es Ihnen, dieses Glück zu erreichen?“

Die erste Konsequenz aus dem Gesetz der Verantwortung besteht darin, dass negative Emotionen die Hauptursache für unser *Unglück* sind. Die Wurzel oder Hauptursache negativer Emotionen ist fast immer eine *Schuldzuweisung*. Sobald Sie aufhören, irgendjemandem oder irgendetwas die Schuld an Ihrem Problem zu geben, lösen sich auch Ihre negativen Emotionen in nichts auf. Ihr Hauptziel im Leben besteht also darin, negative Emotionen auszuschalten, indem Sie die volle Verantwortung für alles übernehmen, was Ihnen widerfährt. Sie können negative Emotionen loswerden, indem Sie sie durch positive Emotionen aller Art ersetzen.

Das Gesetz des Ersatzes besagt, dass Sie eine negative Emotion durch eine positive ersetzen können. Die wirkungsvollste Methode, sich von negativen Emotionen zu befreien, besteht darin, sich sofort den magischen Satz „Ich trage selbst die Verantwortung" zu sagen, wenn Sie aus irgendeinem Grund negative Gefühle verspüren oder wütend werden. Als Nächstes nutzen Sie Ihre Intelligenz und Kreativität, um sich und Ihren Mitmenschen genau zu erklären, *warum* Sie in dieser Situation selbst die Verantwortung tragen. Zumindest sind Sie verantwortlich für Ihre eigene Reaktion darauf. Und sobald Sie innerlich zur Ruhe gekommen sind, fragen Sie sich: „Was werde ich jetzt tun?"

Der Neurologe und Psychiater Viktor Frankl hat in seinem Standardwerk *Der Mensch auf der Suche nach Sinn* festgestellt, dass man einem Menschen alles nehmen kann, nur eines nicht: die letzte aller menschlichen Freiheiten – nämlich in einer bestimmten Situation seine eigene Haltung, seinen eigenen Weg zu wählen.

Die zweite Konsequenz aus dem Gesetz der Verantwortung hängt mit dem Gesetz der Affirmation zusammen: Alles, was Sie in einer Haltung innerer Überzeugung zu sich selbst sagen, wird zu einem neuen Befehl und setzt alle vorherigen Gedanken außer Kraft, die diesem Satz widersprechen. Sie werden stets zu dem, was Sie sich selbst sagen und woran Sie glauben.

Dabei spielt die Wortwahl eine wichtige Rolle. Das Wort *Problem* ist zum Beispiel ein negativer Begriff: Es erzeugt Stress und oft auch Wut oder Niedergeschlagenheit. Also formulieren Sie das Problem lieber so um, dass eine *Situation* daraus wird: „Wir haben hier eine interessante Situation." Eine Situation ist etwas, womit man zu tun hat oder womit man umgehen muss. Sie ist weder positiv noch negativ. Ein noch besseres Wort ist *Herausforderung*. Eine Herausforderung ist etwas, dem Sie sich stellen – eine Situation, die das Beste in Ihnen zum Vorschein bringt.

Der allerbeste Begriff für die Ausübung von Kontrolle über eine Situation ist *Chance:* „Wir erkennen hier eine interessante Chance." Eine Chance ist etwas, wonach man sucht und das man nutzt. Es haben sich schon viele Schwierigkeiten und Rückschläge als Durchbrüche erwiesen, die zu Erfolg und Reichtum führten, wenn man sie als potenzielle Chance wahrnahm. In fast jedem Problem oder jeder Schwierigkeit steckt der Keim einer gleich großen oder noch größeren Chance oder sogar eines Nutzens. Ihre Aufgabe ist es, diese Chance oder diesen Nutzen zu finden.

Die dritte Konsequenz aus dem Gesetz der Verantwortung ist die Erkenntnis, dass fast alle negativen Emotionen dadurch entstehen, dass Sie irgendjemandem oder irgendetwas die *Schuld* an einem Umstand in Ihrem Leben geben, der Sie unglücklich macht. Das ist eines der Wunder der menschlichen Psyche: Sobald Sie die Verantwortung für etwas übernehmen, hören Sie auf, anderen die Schuld dafür zu geben; und damit nehmen Sie all Ihren negativen Emotionen *den Wind aus den Segeln.*

Die stärkste positive Affirmation, mit der Sie arbeiten können, um ein hundertprozentig positiv denkender Mensch zu werden, ist der Satz: „Ich trage selbst die Verantwortung dafür."

Übernehmen Sie die Kontrolle über Ihr Denken

In dem Augenblick, in dem Sie selbst die Verantwortung für Ihr Leben übernehmen und mit den Schuldzuweisungen aufhören, lösen alle negativen Emotionen sich schlagartig in nichts auf und werden durch positive Emotionen ersetzt.

Aus wissenschaftlichen Untersuchungen wissen wir, dass die Natur jedes Vakuum verabscheut. Deshalb kreist Ihr Denken ununterbrochen um Ihre negative Erfahrung – so lange, bis Sie diesen negativen Gedanken durch einen positiven ersetzen. Sobald Sie negative, auf Schuldzuweisungen beruhende Emotionen aus Ihrem Denken eliminieren und durch positive Emotionen ersetzen, die auf der Übernahme von Eigenverantwortung beruhen, verschwinden Ihre negativen Emotionen ganz von selbst.

Der magische Satz, mit dem Sie Ihre Gedanken und Gefühle hundertprozentig unter Kontrolle bringen können, lautet: „Ich trage selbst die Verantwortung dafür! Ich trage selbst die Verantwortung dafür! Ich trage selbst die Verantwortung dafür!“

Bei der vierten Konsequenz aus dem Gesetz der Verantwortung geht es um das Thema Akzeptanz. Erlauben Sie sich niemals, sich über irgendetwas zu ärgern oder über irgendetwas unglücklich zu sein, woran Sie nichts ändern können! Und an einem *vergangenen Ereignis* kann man nun einmal nichts mehr ändern. Suchen Sie ab heute in Ihren früheren Fehlern und Rückschlägen nur noch nach den wertvollen Lektionen, die Sie daraus lernen und die Ihnen helfen können, in Zukunft erfolgreicher zu sein. Lassen Sie alles andere los.

Die fünfte Konsequenz aus dem Gesetz der Verantwortung lautet *Vergebung*. Nehmen Sie sich heute vor, alles zu vergeben und zu vergessen, womit Ihre Mitmenschen Sie jemals in irgendeiner Weise verletzt haben. Diese Ereignisse gehören der Vergangenheit an. Man kann nichts mehr daran ändern. Lassen Sie sie los.

Viele Psychologen, Psychiater und Lebensberater sind größtenteils damit beschäftigt, Menschen bei der Bewältigung früherer Ereignisse zu helfen, die oft bis in die Kindheit zurückreichen. Viele Menschen sind immer noch wütend oder deprimiert über irgendetwas, das vor langer Zeit passiert ist und sich nicht mehr ändern lässt. Die Lösung dieses Problems besteht fast immer darin, dass man die Kraft und den Mut haben muss, es loszulassen.

US-General George S. Patton hat einmal gesagt: „Ich zahle nicht gern zweimal für dieselbe Immobilie."

Wenn Sie weiterhin über ein Ereignis aus der Vergangenheit unglücklich sind, an dem Sie nichts mehr ändern können, dann zahlen Sie immer wieder aufs Neue dafür. Nutzen Sie stattdessen lieber Ihre Kreativität, um sich zu überlegen, warum Sie zumindest teilweise selbst die Verantwortung für das Geschehene tragen könnten. Gehen Sie dabei streng mit sich selbst ins Gericht und lassen Sie diese Hypothek aus der Vergangenheit dann endgültig los.

ÜBUNG

Reagieren Sie von heute an auf jeden Rückschlag oder jede Schwierigkeit in Ihrem Leben mit dem magischen Satz: „Ich trage selbst die Verantwortung dafür." Nutzen Sie Ihren brillanten Verstand, um Gründe zu finden, warum Sie dafür verantwortlich sind. Als Nächstes überlegen Sie sich, was Sie daraus lernen können und wie Ihnen diese Lektion in Zukunft weiterhelfen kann.

Kapitel 5

Das Gesetz der finanziellen Unabhängigkeit

Bei diesem Gesetz geht es um etwas ganz Einfaches: Geld ist eine wichtige Voraussetzung für Freiheit. Einer meiner Seminarteilnehmer hat einmal gesagt: „Geld ist wie Essen: Wenn man viel davon hat, denkt man nicht darüber nach. Aber wenn man zu wenig hat, denkt man an nichts anderes."

Eines Ihrer Hauptziele im Leben sollte die finanzielle Unabhängigkeit sein. Denn der wahre Schlüssel zur *Freiheit* besteht darin, so viel Geld zu haben, dass Sie sich nie wieder Sorgen darüber machen müssen. Und die gute Nachricht lautet, dass finanzielle Unabhängigkeit heute leichter zu erreichen ist als je zuvor. Wir sind auf Schritt und Tritt von Wohlstand und Erfolgschancen umgeben. Also setzen Sie sich das Ziel, in vollem Umfang an dem teilzuhaben, was viele als das „goldene Zeitalter der Menschheit" bezeichnen.

Wir leben in einem sehr großzügigen Universum und sind überall von Wohltaten und Chancen umgeben, mit deren Hilfe wir uns alles verschaffen können, was wir wirklich haben wollen. Daher hängt alles von Ihrer persönlichen Einstellung zum Thema Finanzen ab – ob Sie in einer inneren

Haltung des Überflusses oder des Mangels an diesen Lebensbereich herangehen. Diese Einstellung hat großen Einfluss darauf, ob es Ihnen gelingt, reich zu werden oder nicht.

Und hier kommt einer der ersten wichtigen Schlüssel zu finanzieller Unabhängigkeit: Suchen Sie ständig nach Möglichkeiten, Waren und Dienstleistungen anzubieten, die die Leute sich wünschen, die sie brauchen und für die sie zu zahlen bereit sind. Eigentlich brauchen Sie für Ihren Weg zum Reichtum nur eine einzige gute Idee!

Die erste Konsequenz aus dem Gesetz der finanziellen Unabhängigkeit besteht darin, dass Menschen reich werden, weil sie *beschließen,* reich zu werden.

Menschen werden reich, weil sie glauben, dass sie die Fähigkeit dazu besitzen. Und weil sie so fest daran glauben, handeln sie auch danach. Sie tun konsequent alles, was getan werden muss, um ihre Überzeugungen wahr werden zu lassen. Und sie *geben niemals auf.*

Die zweite Konsequenz aus dem Gesetz der finanziellen Unabhängigkeit lautet, dass Menschen arm sind, weil sie noch nicht beschlossen haben, reich zu werden.

In Mark Fishers Buch aus dem Jahr 2010, *The Instant Millionaire: A Tale of Wisdom and Wealth,* fragt ein Junge einen alten Millionär, was er denn tun müsse, um ebenfalls zu ein paar Millionen zu kommen. Daraufhin stellt der alte Millionär dem Jungen die Gegenfrage: „Wie kommt es, dass du noch nicht reich bist?"

Das ist eine sehr wichtige Frage, die Sie sich ebenfalls stellen sollten. Denn Ihre Antwort auf diese Frage wird Ihnen sehr viel über sich selbst verraten: Daran können Sie nämlich Ihre *selbstbegrenzenden Überzeugungen,* Zweifel, Ängste, Ausreden, Rationalisierungen und Rechtfertigungen ablesen.

Wie kommt es, dass Sie noch nicht reich sind? Schreiben Sie alle Gründe dafür auf, die Ihnen einfallen. Gehen Sie Ihre Antworten der Reihe nach mit jemandem durch, der Sie gut kennt, und fragen Sie ihn nach seiner Meinung dazu. Sie werden vielleicht staunen, wenn Sie feststellen, dass es sich bei diesen Gründen hauptsächlich um *Ausreden* handelt, in die Sie sich verliebt haben.

Egal was für Gründe oder Ausreden Sie dafür haben, immer noch nicht reich zu sein – jetzt können Sie sich von diesen Ausflüchten befreien. Denn es gibt Millionen von Menschen auf der ganzen Welt, die sehr viel mehr Schwierigkeiten zu überwinden hatten, als Sie sich jemals vorstellen können, und letzten Endes trotzdem erfolgreich waren. Das können Sie auch!

Ein einfacher Test

Angenommen, Ihnen fällt eine unerwartete Erbschaft zu oder Sie gewinnen im Lotto. Was würden Sie dann zuallererst tun? Allem Anschein nach würden wohlhabende Menschen oder solche, die es werden wollen, zuerst darüber nachdenken, wie sie einen unerwarteten Geldsegen am besten sparen, investieren und vermehren können.

Wenn ein Durchschnittsmensch unerwartet zu viel Geld kommt, denkt er jedoch ganz anders: Er überlegt sich zuallererst, wofür er dieses Geld *ausgeben* würde, um seinen Lebensstil zu verbessern. Die meisten Menschen, die im Lotto gewinnen, sind nach ein paar Jahren wieder pleite. Denn wenn man seine Denkweise – seine innere Einstellung – nicht ändert, kommt man auf Dauer auch in der äußeren Welt nur selten auf einen grünen Zweig.

ÜBUNG

Fragen Sie sich: „Was täte ich als Erstes, wenn mir ein unerwarteter Geldsegen zuteilwürde?" Ihre Antwort wird Ihnen vieles über sich selbst und Ihre Chancen verraten, reich zu werden.

Werden Sie zu einem Geldmagneten

Geld hat eine ganz besondere Energie und wird hauptsächlich von Menschen angezogen, die es gut behandeln. Normalerweise fließt es Leuten zu, denen man deutlich anmerkt, dass sie es auf die nutzbringendste Weise einsetzen können, um nützliche Waren und Dienstleistungen zu produzieren, und dass sie es investieren können, um Arbeitsplätze und Möglichkeiten zu schaffen, die anderen zugutekommen.

Von Menschen, die es nicht sinnvoll nutzen oder für unproduktive Zwecke ausgeben, fließt das Geld dagegen *weg*. Oder wie es in einem alten Sprichwort heißt: „Dem Narren rinnt das Geld zwischen den Fingern hindurch."

Ihre Aufgabe besteht also darin, so viel Geld zu erwerben, wie es Ihnen auf ehrliche Weise möglich ist, und dieses Geld dann so zu verwenden, dass die Qualität Ihres eigenen Lebens und das Leben der Menschen, die Ihnen wichtig sind, sich dadurch verbessern.

ÜBUNG

Rechnen Sie sich aus, wie viel Geld Sie brauchen würden, um in Rente zu gehen und nie wieder arbeiten zu müssen. Die meisten Menschen haben so etwas noch nie getan, aber man kann kein Ziel erreichen, das man nicht sieht.

ÜBUNG

Angenommen, Sie könnten alles sein, tun oder haben – ohne jede Einschränkung. Sie könnten sich jede beliebige Fachkompetenz aneignen oder in Ihrer jetzigen beruflichen Tätigkeit jede Stufe auf der Erfolgsleiter erreichen, die Sie sich wünschen. Das Einzige, was Sie daran hindert, ist Ihr mangelndes Vertrauen in sich selbst und Ihre Fähigkeiten. Worin sollte in einer solchen Situation Ihr erster Schritt bestehen?

Kapitel 6

Das Gesetz der Gedanken

Das Gesetz der Gedanken besagt, dass Ihre größte persönliche Fähigkeit in Ihrem *Denkvermögen* liegt. Diesem Gesetz zufolge leben wir in einer Welt, die nicht von Zufällen, sondern von Gesetzen bestimmt wird. Alles, was Ihnen widerfährt, beginnt mit einem Gedanken – entweder Ihrem eigenen oder dem eines anderen Menschen. Dieses Gesetz besagt, dass alles aus einem bestimmten Grund geschieht, egal ob wir diesen Grund kennen oder nicht. Jede Wirkung – Erfolg oder Misserfolg, Reichtum oder Armut – hat eine oder mehrere bestimmte *mentale* Ursachen. Und jeder Gedanke oder jede Handlung hat irgendeine Wirkung oder Folge, egal ob wir diese Wirkung sehen können und ob sie uns gefällt oder nicht. *Unsere Gedanken sind Ursachen, unsere Lebensumstände sind Wirkungen.*

Wenn Sie sich über die gewünschte Wirkung oder das gewünschte Ergebnis im Klaren sind und es klar und deutlich vor Ihrem geistigen Auge sehen, werden Sie es wahrscheinlich auch erreichen. Sie brauchen dazu nur die Vorgehensweise anderer Menschen zu analysieren, die das gleiche Ziel erreicht haben, und deren Verhalten nachzuahmen. Auf diese Weise können Sie dieselben Erfolge erzielen.

Außerdem besagt das Gesetz der Gedanken, dass finanzieller Erfolg eine *Wirkung* ist, die sich aus ganz bestimmten Ursachen ergibt. Wenn Sie sich über diese Ursachen klar werden und sie in Ihrem eigenen Leben herbeiführen, werden Sie genauso erfolgreich sein wie Millionen anderer Menschen. Sie können so viel Geld erwerben, wie Sie wollen, indem Sie einfach das tun, was auch andere Leute vor Ihnen schon getan haben, um diese Erfolge zu erzielen. Wenn Sie das nicht tun, werden Sie es auch zu nichts bringen. So einfach ist das. Die Natur ist neutral. Sie bevorzugt niemanden.

Das wichtigste Prinzip dieses universellen Gesetzes lautet, dass Ihre Gedanken die Ursachen und die daraus entstehenden Lebensumstände die Wirkungen sind.

Gedanken sind etwas Schöpferisches

Anders ausgedrückt, besagt dieses Gesetz: „Gedanken sind etwas Schöpferisches." Ihre Gedanken sind die wichtigsten schöpferischen Kräfte in Ihrem Leben. Mit Ihrer Denkweise erschaffen, formen und gestalten Sie Ihre ganze Welt. Alle Menschen und Situationen in Ihrem Leben sind durch Ihr eigenes Denken oder durch die Denkweisen entstanden, die Sie von anderen Menschen übernommen haben. Wenn Sie Ihr Denken ändern, verändert sich dadurch automatisch auch Ihr Leben – manchmal sogar in Sekundenschnelle.

ÜBUNG

Überlegen Sie, in welchem Bereich Ihres Lebens Ihnen womöglich selbstbegrenzende Überzeugungen im Weg stehen. Und dann formulieren Sie die gegenteilige Überzeugung und behalten sie so lange im Gedächtnis, bis sie in diesem Lebensbereich zu Ihrer selbstverständlichen Denkweise geworden ist. Die beste Überzeugung, die Sie sich zu eigen machen können, lautet, dass Sie das Zeug dazu haben, große finanzielle Erfolge zu erzielen.

Kapitel 7

Das Gesetz der Denkweise

Das Gesetz der Denkweise besagt, dass man mit der Zeit automatisch zu dem wird, woran man die meiste Zeit denkt. Wie Sie sich fühlen und wie Sie reagieren, hängt nicht davon ab, was Ihnen widerfährt, sondern von Ihrer *Denkweise* darüber, was Ihnen widerfährt. Nicht die *Außenwelt* bestimmt über Ihre Lebensumstände oder -bedingungen, sondern die *Welt in Ihrem Inneren*. Vor allem das, was Sie über Geld und Finanzen denken, entscheidet über Ihre heutige und zukünftige finanzielle Situation.

Arm versus pleite

Es gibt eine Anekdote über Mike Todd, einen berühmten Produzenten und Regisseur von Broadway-Theaterstücken. Eines seiner Stücke war ein Flop und dadurch verlor er sein ganzes Geld. Eines Tages kam ein Freund auf ihn zu und fragte ihn: „Na, Mike, wie fühlt es sich an, *arm* zu sein?“

Darauf soll Todd ihm eine sehr treffende Antwort gegeben haben: „Ich war noch nie arm, nur pleite. Arm zu sein ist eine innere Einstellung. Pleite zu sein ist einfach nur eine vorübergehende Situation.“

Danach produzierte er ein weiteres Theaterstück, das am Broadway große Erfolge feierte, und darauf folgte noch viele Jahre lang ein Stück nach dem anderen, und alle liefen gut. Mike Todd ist bis heute eine Legende.

Rückschläge sind etwas Vorübergehendes

Egal, was für Probleme Sie haben – sie sind lediglich etwas Vorübergehendes. Sie wurden Ihnen als Vorbereitung auf Ihre kommenden großen Erfolge geschickt, damit Sie etwas Wichtiges daraus lernen. Denn große Erfolge kann man nur dann erzielen, wenn man vorher viele Fehler gemacht hat.

In der Medizin heißt es, dass eine zutreffende Diagnose bereits der halbe Weg zur Heilung ist. Schauen Sie sich einmal die wichtigsten Bereiche Ihres Lebens an – Ihre Familie, Ihre Gesundheit, Ihre Arbeit, Ihre finanzielle Situation – und beobachten Sie die Ursache-Wirkungs-Beziehungen zwischen dem, was Sie denken, sagen, fühlen und tun, und den Resultaten, die Sie damit erzielen. Seien Sie dabei ganz ehrlich zu sich selbst. Konzentrieren Sie sich auf die Lektionen, die Sie daraus ziehen können, und lassen Sie alles andere los.

Der bekannte Missionar LeGrand Richards soll einmal gesagt haben: „Für jede Sorge unter der Sonne gibt es entweder ein Heilmittel oder es gibt keins. Wenn es ein Heilmittel gibt, dann versuchen Sie es so schnell wie möglich zu finden. Wenn es keins gibt, vergessen Sie das Ganze."

ÜBUNG

Wenn Sie einen Zauberstab schwingen könnten, um Ihr Leben zu etwas hundertprozentig Perfektem zu machen, wie würde es sich dann von Ihrem heutigen Leben unterscheiden? Welchen Schritt könnten Sie als Erstes tun, um Ihr perfektes Leben zu erschaffen?

Kapitel 8

Das Gesetz der Überzeugung

Dieses Gesetz besagt, dass alles, woran Sie glauben – und zwar nicht nur mit dem Verstand, sondern auch mit dem Gefühl – zu Ihrer Realität wird. Der Psychologe und Philosoph William James von der Harvard University hat einmal gesagt: „Der Glaube trägt dazu bei, die Tatsache zu erschaffen." Denn Sie handeln stets nach Ihren Überzeugungen, und zwar vor allem nach Ihren Überzeugungen von sich selbst. Diese Vorstellungen wirken wie eine Art Filter, der alle Informationen ausblendet, die nicht zu Ihrem Selbstbild passen. Sie glauben also nicht unbedingt das, was Sie sehen, sondern Sie sehen das, woran Sie ohnehin bereits glauben.

Informationen, die dem widersprechen, was Sie zu glauben beschlossen haben, lehnen Sie also automatisch ab – egal ob Ihre Überzeugungen und Vorurteile auf Tatsachen oder lediglich auf Ihrer Vorstellungskraft beruhen. Das gilt vor allem im Hinblick auf Geld.

Die beste Überzeugung, die Sie entwickeln können, ist die, dass Sie das Zeug dazu haben, große finanzielle Erfolge zu erzielen. Glauben Sie daran, dass alles, was Ihnen widerfährt – auch alle Probleme oder vorübergehenden Rückschläge –, Teil eines großen Plans ist, der Sie reich machen soll. Wenn Sie hundertprozentig von Ihrem finanziellen Erfolg überzeugt sind, werden Sie automatisch anfangen, sich so zu verhalten, dass diese Überzeugung auch wahr wird.

Was haben Sie gelernt?

Vor ein paar Jahren hielt ich mich zusammen mit mehreren wohlhabenden Geschäftsleuten in einer Fischerhütte auf. Jeden Abend aßen wir gemeinsam und tranken etwas. Und jeden Abend unterhielten diese Geschäftsleute sich über ihre geschäftlichen Erfahrungen und die vielen Fehler, die sie gemacht hatten. Doch sie erwähnten dabei kein einziges Mal ihren Reichtum oder ihren Erfolg, sondern redeten und lachten immer nur darüber, wie sie die Lektionen gelernt hatten, dank derer sie heute reich sind.

Das sollten Sie auch tun. Ziehen Sie aus jedem Rückschlag möglichst viele Lehren. Schreiben Sie sich diese Lektionen auf und lesen Sie sich die Tagebucheinträge, in denen es um dieses Thema geht, immer wieder durch. Nehmen Sie sich vor, aus jedem Fehler etwas zu lernen. Bezahlen Sie nicht zweimal für dasselbe Problem.

Hinterfragen Sie Ihre selbstbegrenzenden Überzeugungen

Die schlimmsten Glaubenssätze, die es gibt, bezeichnet man als *selbstbegrenzende Überzeugungen*. Diese treten dann ein, wenn Sie glauben, dass Ihnen irgendwelche Grenzen auferlegt sind. Nach Meinung der spirituellen Autorin Louise Hay besteht das häufigste Problem der Menschen in dem Gefühl: „Ich bin nicht gut genug."

Infolge destruktiver kritischer Bemerkungen in der Kindheit oder negativer Erfahrungen im Erwachsenenalter kommen viele Menschen zu dem Schluss, nicht genügend Talent oder Fähigkeiten zu besitzen oder im Vergleich zu ihren Mitmenschen nicht gut genug zu sein.

Doch in Wirklichkeit ist niemand besser oder klüger als Sie. Wenn andere Menschen zurzeit mehr Erfolg haben als Sie, liegt das vor allem daran, dass diese Leute ihre natürlichen Gaben und Fähigkeiten früher und stärker entwickelt haben als Sie. Sie haben die Gesetze von Ursache und Wirkung, die für ihr Leben und ihre Finanzen gelten, bereits vor Ihnen gelernt. Doch alles, was anderen Menschen gelungen ist, können Sie – zumindest in vernünftigem Rahmen – wahrscheinlich genauso gut. Sie müssen nur lernen, wie man das macht.

Abraham Lincoln soll einmal gesagt haben: „Dass manche Menschen Erfolg hatten, obwohl sie mit leeren Händen angefangen haben, ist der beste Beweis dafür, dass andere das auch schaffen können."

Und nun kommt eine sehr wichtige Frage: „Von welcher großen Errungenschaft würden Sie zu träumen wagen, wenn Sie wüssten, dass Sie dabei nicht scheitern können?"

Wenn Ihnen keinerlei Grenzen auferlegt wären und Sie so viel Zeit, Geld, Talente, Fähigkeiten und Kontakte hätten, wie Sie nur brauchen könnten – was würden Sie dann in Ihrem Leben tun, sein oder haben wollen? Je klarer Sie diese Frage beantworten können, umso schneller wird sich Ihr Leben verbessern – und zwar oft auf verblüffende Art und Weise.

ÜBUNG

Entscheiden Sie sich für ein Ziel, das Sie in den kommenden Wochen und Monaten erreichen möchten. Schreiben Sie es auf. Legen Sie sich einen Plan zurecht, um dieses Ziel umzusetzen, und arbeiten Sie dann jeden Tag daran. (Auf das Setzen und Erreichen von Zielen werden wir an späterer Stelle in diesem Buch noch näher eingehen). *Verschieben Sie diese Aufgabe nicht auf später. Halten Sie Ihr wichtigstes Ziel jetzt gleich schriftlich fest, damit Ihr Unter- und Ihr Überbewusstsein anfangen können, es in die Tat umzusetzen.*

Kapitel 9

Das Gesetz der Erwartungen

Dieses Gesetz besagt, dass alles, was Sie in fester Überzeugung erwarten, zu einer selbsterfüllenden Prophezeiung wird. Sie sind stets der Wahrsager Ihres eigenen Lebens, denn Ihre Zukunft hängt ganz davon ab, wie Sie über diese Zukunft denken und reden. Wenn Sie fest darauf vertrauen, dass etwas Positives geschehen wird, dann tritt das normalerweise auch so ein. Und wenn Sie mit etwas Negativem rechnen, werden Ihre Erwartungen ebenfalls nur selten enttäuscht.

Wohlhabende Menschen rechnen damit, reich zu sein – unabhängig von kurzfristigen Ereignissen und Entwicklungen. Erfolgreiche Menschen rechnen damit, erfolgreich zu sein. Glückliche, beliebte Menschen rechnen damit, glücklich und beliebt zu sein. Und Sie haben Ihre Erwartungen normalerweise selbst unter Kontrolle.

Die selbsterfüllende Prophezeiung

Dr. Robert Rosenthal, Professor für Psychologie an der University of California und der Harvard University, ist nach jahrelangen Experimenten zu dem Schluss gekommen, dass alles, was wir von uns erwarten, früher oder später zu einer selbsterfüllenden Prophezeiung wird. Außerdem hat er festgestellt, dass wir uns ganz besonders stark von den Erwartungen der Menschen beeinflussen lassen, die wir bewundern und zu denen wir aufschauen.

Sie sollten sich Ihre Vorbilder also genau aussuchen und nur mit Menschen verkehren, die damit rechnen, dass Sie Erfolg haben werden. Suchen Sie die Gesellschaft von Menschen, die Sie für bewundernswert halten und von denen Sie sich innerlich aufgebaut fühlen, und orientieren Sie sich an deren Verhalten. Denken Sie immer daran: wie innen, so außen.

Sie können aber auch großen Einfluss auf andere Menschen ausüben, die Respekt vor Ihnen haben – vor allem auf Familienangehörige und Mitarbeiter –, indem Sie ihnen immer wieder sagen, dass Sie an sie und ihre Fähigkeit, gute Leistungen zu erbringen, glauben. Außerdem erzeugen Sie dadurch einen Bumerang-Effekt: Alles, was Sie anderen Menschen an Positivem sagen, kommt wie ein Bumerang zu Ihnen zurück, sodass Sie ganz automatisch auch eine bessere Meinung von sich selbst haben werden.

Programmieren Sie sich auf positive Erwartungen

Also schaffen Sie sich ein eigenes Kraftfeld aus positiven Erwartungen. Erwarten Sie stets nur das Beste *von sich selbst.* Stellen Sie sich vor, dass Ihren Fähigkeiten keine Grenzen gesetzt sind und dass Sie alles erreichen können, was Sie sich vornehmen. Stellen Sie sich vor, dass nur Ihre eigene Vorstellungskraft Ihrer Zukunft Grenzen auferlegen kann. Was Sie bisher erreicht haben, ist nur ein Bruchteil dessen, was Sie erreichen können. Stellen Sie sich vor, dass die beste Zeit Ihres Lebens noch vor Ihnen liegt und dass alles, was Ihnen bisher widerfahren ist, lediglich eine Vorbereitung auf all das Große war, das noch kommen wird. Oder wie Shakespeare einmal geschrieben hat: „Alle Vergangenheit ist nur ein Prolog."

ÜBUNG

Schaffen Sie sich ein eigenes Kraftfeld aus positiven Erwartungen. Erwarten Sie stets nur das Beste von sich selbst und Ihren Mitmenschen. Suchen Sie ständig nach Möglichkeiten, andere Menschen – vor allem Familienangehörige und Mitarbeiter – mit Ihren positiven Erwartungen innerlich aufzubauen in dem Wissen, dass alles, was Sie zu anderen und über andere Menschen sagen, zu Ihnen selbst zurückkehrt.

Kapitel 10

Das Gesetz der Anziehung

Laut dem Gesetz der Anziehung sind Sie ein *lebendiger Magnet*: Sie ziehen unweigerlich Menschen, Situationen und Umstände in Ihr Leben hinein, die Ihren vorherrschenden Gedanken und Gefühlen entsprechen.

Es gibt drei verschiedene Faktoren, die die Macht dieses Gesetzes der Anziehung in Ihrem Leben verstärken: (1) Affirmation, also das, was Sie *sagen*; (2) Visualisation, also das, was Sie vor Ihrem inneren Auge *sehen*; und (3) Emotionalisierung, also das, was Sie *fühlen,* oder die Intensität der Gefühle, die Sie haben, wenn Sie an etwas denken, was Sie sich wünschen.

Emotionen sind der große *Multiplikator*: Je mehr *Emotionen* Sie in ein Ziel oder gewünschtes Ergebnis investieren, umso mehr Energie entsteht dadurch und umso schneller ziehen Sie positive Dinge in Ihr Leben hinein.

Doch Emotionen sind ein zweischneidiges Schwert. Wenn Sie mit Angst, Zweifeln oder anderen negativen Emotionen darüber nachdenken, was Sie sich wünschen, heben Sie das *Gesetz der Anziehung* auf und aktivieren stattdessen das Gesetz der Abstoßung, das Ihr Ziel von Ihnen wegtreibt.

Ändern Sie Ihre Denkweise

Ein Großteil des Erfolgs und Misserfolgs, den Sie in Ihrem Geschäfts- und Privatleben haben, lässt sich durch das Gesetz der Anziehung erklären. Denn dieses Gesetz besagt, dass Sie alles in Ihrem Leben durch Ihre Denkweise selbst angezogen haben. Sie können Ihr Leben also auch wieder verändern – und zwar weil Sie Ihre Denkweise verändern können. Ihre Gedanken sind das Einzige, was Sie hundertprozentig unter Kontrolle haben.

Wenn Sie einen brennenden Wunsch nach finanziellem Erfolg entwickeln und ständig an diesen Wunsch denken, bauen Sie dadurch ein Kraftfeld aus positiver emotionaler Energie auf; und dieses Kraftfeld zieht Menschen, Ideen und Möglichkeiten in Ihr Leben hinein, die Ihnen helfen, Ihre Ziele zu erreichen.

Vergegenwärtigen Sie sich einmal Ihre jetzige finanzielle Existenz und überlegen Sie, inwiefern diese mit Ihrem Denken im Einklang steht. Rechnen Sie sich alles Positive in Ihrem Leben als persönliches Verdienst an, denn es ist nur deshalb da, weil Sie es angezogen haben. Als Nächstes überlegen Sie sich, was Ihnen an Ihrem Leben nicht gefällt, und übernehmen Sie auch dafür hundertprozentig die Verantwortung. Diese Dinge befinden sich in Ihrem Leben, weil an Ihrem eigenen Denken etwas nicht stimmt. Was für ein Denkfehler ist das und was können Sie dagegen tun? Wenn Sie Ihr Denken ändern, verändert sich dadurch automatisch auch Ihr Leben.

ÜBUNG

Nehmen Sie sich fest vor, nur an Dinge zu denken und nur über Dinge zu reden, die Sie sich wirklich wünschen, und weigern Sie sich, an irgendetwas zu denken oder über irgendetwas zu sprechen, was Sie sich nicht wünschen. Lesen Sie viel, hören Sie sich Audioprogramme an und besuchen Sie Seminare, um mehr über die Themen zu erfahren, die Sie beherrschen müssen, um wirklich erfolgreich zu sein. Tun Sie sich mit positiv denkenden Menschen und Gewinnern zusammen und halten Sie sich von negativ denkenden Menschen fern, die Sie nur herunterziehen.

KAPITEL 11

Das Gesetz der Entsprechung

Das Gesetz der Entsprechung besagt, dass Ihre äußere Welt ein Spiegelbild Ihrer inneren Welt ist und mit Ihren vorherrschenden Denkmustern übereinstimmt.

Dieses außergewöhnliche Prinzip zeichnet verantwortlich für das meiste Glück und Unglück, die meisten Erfolge und Misserfolge und die wunderbarsten Dinge und Gemeinheiten im Leben. Selbst nach jahrelanger Beschäftigung mit diesem Thema habe ich immer noch große Ehrfurcht vor diesem mächtigen Gesetz – es ist für mich fast so wie ein Blick in die endlosen Weiten des Grand Canyon.

Denken Sie einmal darüber nach! Ihre äußere Welt ist in jeder Hinsicht ein Spiegel Ihrer inneren Welt. Nichts kann auf Dauer mit Ihnen oder für Sie geschehen, wenn es keine Entsprechung dazu in Ihrem *Inneren* gibt. Wenn Sie also irgendetwas an Ihrer Außenwelt verändern oder verbessern möchten, müssen Sie dazu erst einmal Ihr eigenes Inneres – Ihr Denken – verändern.

Sind Sie mit Ihrem Einkommen unzufrieden? Kein Problem! Stellen Sie sich einfach vor den nächsten Spiegel und verhandeln Sie mit Ihrem Chef über eine Gehaltserhöhung. Fragen Sie: „Was muss ich tun, um mehr Geld zu verdienen?“

Das mentale Äquivalent

Manchmal wird dieses Gesetz auch als *mentales Äquivalent* bezeichnet. Ihre größte Verantwortung im Leben besteht darin, in Ihrem Inneren das mentale Äquivalent dessen zu schaffen, was Sie in der Außenwelt erleben möchten. Denn Sie können in der *Außenwelt* nichts erreichen, was Sie nicht vorher bereits *innerlich* erschaffen haben.

Ihr Leben ist so etwas Ähnliches wie ein 360-Grad-Spiegel: Wohin Sie auch schauen – Sie werden überall mit sich selbst konfrontiert. Ihre Beziehungen spiegeln Ihnen zum Beispiel stets den Menschen wider, der Sie innerlich sind. Auch Ihre Lebenseinstellung, Ihre Gesundheit und Ihre finanziellen Verhältnisse sind normalerweise ein Spiegel dessen, was Sie denken.

Das Gesetz der Entsprechung liegt als Grundprinzip mehr oder weniger allen Religionen und Denkschulen zugrunde. Und das ist wirklich eine gute Nachricht, denn dieses Gesetz ist der Schlüssel zu persönlicher Freiheit und Glück, zu großem Erfolg und hervorragenden Leistungen.

Es gibt nur eines, was Sie unter Kontrolle haben – und das ist Ihre Denkweise. Wenn Sie hundertprozentig die Kontrolle über Ihr Denken übernehmen, fällt Ihnen dadurch automatisch auch die Kontrolle über alle anderen Aspekte Ihres Lebens zu. Wenn Sie immer nur daran denken und darüber sprechen, was Sie wollen, und sich weigern, an irgendetwas zu denken oder über irgendetwas zu sprechen, was Sie nicht wollen, werden Sie zum Architekten Ihres eigenen Schicksals. Sie erschaffen sich Ihre Zukunft selbst.

Ihr Traumhaus

Und hier kommt ein Anwendungsbeispiel, das Ihnen den Beweis für all diese Gesetze liefert. Nach meiner Erfahrung hat fast jeder Mensch eine bestimmte Vorstellung von seinem *Traumhaus*. Einen Großteil unseres Lebens träumen und fantasieren wir davon, in dem für uns perfekten Haus zu leben. Auch mir ging es so, als ich heiratete. Dann beschlossen Barbara und ich, das Gesetz der Entsprechung (und viele andere hier beschriebene Gesetze) anzuwenden, um unser Traumhaus zu finden und zu kaufen.

Als Erstes besorgten wir uns ein Spiralheft und begannen sämtliche Merkmale und Eigenschaften aufzuschreiben, die unser perfektes Haus haben sollte. Mit der Zeit kamen wir auf 42 verschiedene Eigenschaften.

Dann abonnierten wir Zeitschriften wie *House Beautiful*, *Better Homes and Gardens* und *Architectural Digest*, lasen sie jeden Monat und schnitten Bilder von architektonischen Besonderheiten und sonstigen Merkmalen von Häusern aus, die uns gefielen. An den Wochenenden gingen wir auf Hausbesichtigung in teuren Wohngegenden. Wir schlenderten durch jedes dieser Häuser, als ob wir es in allernächster Zukunft kaufen wollten, und unterhielten uns über die Besonderheiten, die uns daran gefielen oder nicht gefielen, innen ebenso wie außen.

Als wir mit der Suche nach unserem Traumhaus begannen, hatten wir gerade ein Unternehmen gegründet und dabei den Großteil unseres Geldes verloren – was für angehende Unternehmer nichts Ungewöhnliches ist. Wir hatten unser kleines Haus verkaufen müssen und waren in ein Mietshaus gezogen. Damals steckten wir also in finanziellen Schwierigkeiten und hatten gar nicht das nötige Geld, um eine Anzahlung für ein neues Haus zu leisten, selbst wenn es unser perfektes Zuhause gewesen wäre.

Doch dann ist etwas passiert – und irgendetwas passiert *immer*: Allmählich wurden wir mit unserem Geschäft wieder erfolgreicher und verdienten mehr Geld. Innerhalb eines Jahres hatten wir genug beiseitegelegt, um eine Anzahlung für ein kleines, aber sehr hübsches Häuschen zu leisten. Dabei war uns allerdings klar, dass es auf lange Sicht nicht das optimale Zuhause für uns war. Wir wussten, dass es noch etwas Besseres gab.

Also arbeiteten und sparten wir weiter. Innerhalb von zwei weiteren Jahren hatten wir genügend Geld, um das Haus, in dem wir wohnten, zu verkaufen und dabei sogar noch einen kleinen Gewinn zu machen. Und nachdem wir uns über 150 zum Verkauf stehende Häuser angeschaut hatten, fanden wir tatsächlich das perfekte Haus. Es besaß 41 von den 42 Eigenschaften, die unser ideales Haus unserer Meinung nach haben sollte. Und wir konnten uns genau den Preis leisten, den es kostete.

Also kauften wir das Haus und zogen ein. Wir haben unser ganzes Eheleben in diesem Haus verbracht, vier Kinder darin großgezogen und haben nicht vor, jemals wieder auszuziehen. Dank unserer mentalen Vorbereitung haben wir genau die richtige Entscheidung getroffen, unser Traumhaus gefunden und es nie bereut.

Versuchen Sie es einfach mal – und seien Sie dabei innerlich offen

In meinen Seminaren erzähle ich meinen Schülern manchmal diese Geschichte von der Suche nach unserem

Traumhaus. Und immer wieder kommen Seminarteilnehmer ein oder zwei Jahre später auf mich zu oder schreiben mir eine E-Mail und erzählen, dass sie genauso vorgegangen sind wie meine Frau und ich damals und dass ihre finanzielle Situation sich daraufhin innerhalb von ein oder zwei Jahren verbessert hat. Sie verdienten mehr Geld, fanden ihr ideales Haus, kauften es, zogen ein und waren überglücklich.

Wenn es Ihnen genauso geht wie den meisten Menschen, dann stehen Sie dieser Geschichte wahrscheinlich etwas skeptisch gegenüber. Doch das Gute daran ist, dass Sie sich nicht auf mein Wort zu verlassen brauchen. Sie brauchen nicht einmal Geld auszugeben, sondern müssen sich einfach nur darüber klar werden, was Sie von Ihrem perfekten Zuhause erwarten. Schreiben Sie es auf. Kaufen Sie ein paar Zeitschriften, schneiden Sie Bilder von Ihrem perfekten Haus aus, innen und außen, und dann *warten Sie einfach ab, was passiert.*

Das könnte die beste Entscheidung Ihres Lebens sein. Gehen Sie unbedingt zu Hausbesichtigungen in schönen Wohngegenden und stellen Sie sich dabei vor, dass Sie Ihr Traumhaus bereits besitzen oder es zumindest jederzeit kaufen könnten, wenn Sie wollten.

Wenn Sie diese Übung regelmäßig machen, gehen Sie dadurch mit der Zeit von positivem Denken zu *positivem Wissen* über. Wenn Sie fest daran glauben, dass Sie Ihr Ziel erreichen werden, ist es nur eine Frage der Zeit, bis es sich tatsächlich erfüllt.

Wenn Durchschnittsmenschen so eine Geschichte hören, sagen sie oft: „Ja, aber was ist, wenn es nicht klappt?“

Doch das ist die falsche Frage. Überlegene Menschen fragen stattdessen: „Was ist, wenn es *doch* funktioniert?“

Was kostet es Sie, Ihr Denken auf Ihr perfektes Zuhause umzuprogrammieren? Nichts. Warum probieren Sie es dann nicht einfach aus?

ÜBUNG

Stellen Sie sich einmal vor, keinerlei Einschränkungen unterworfen zu sein. Entwerfen Sie anhand von Zeitschriften Ihr ideales Zuhause und gehen Sie zu Hausbesichtigungen in schönen Wohngegenden. Seien Sie auf angenehme Überraschungen vorbereitet. Und dann beginnen Sie mithilfe dieser Methode, sich all das Gute vorzustellen, das Sie gerne in Ihrem Leben hätten. Erstellen Sie eine Liste dieser positiven Dinge. Denken Sie ständig daran. Und seien Sie darauf gefasst, angenehm überrascht zu werden.

KAPITEL 12

Das Gesetz der überbewussten Aktivität

Dieses Gesetz besagt, dass jeder Gedanke, jeder Plan, jedes Ziel und jede Idee, die Sie kontinuierlich in Ihrem Bewusstsein festhalten, von Ihrem Überbewusstsein zwangsläufig früher oder später in die Realität umgesetzt wird.

Dies ist das allerwichtigste Gesetz, das es gibt. Es ist das Grundprinzip aller Religionen, Philosophien, metaphysischen Schulen und herausragenden Denksysteme, die von den größten Geistern der Menschheit seit über 4000 Jahren entwickelt worden sind. Es ist das übergeordnete Prinzip und der Katalysator aller geistigen und spirituellen Gesetze. Dieses Überbewusstsein wird manchmal auch als *kosmisches Bewusstsein, Über-Es* oder sogar als *Geist Gottes* bezeichnet. Ralph Waldo Emerson nannte es die Überseele, andere bezeichnen es als *universelles Unterbewusstsein.*

Manche Menschen fragen: „Wie soll ich mir nur all diese Gesetze und Prinzipien merken, die ich brauche, um erfolgreich zu sein?“

Die Antwort auf diese Frage lautet, dass Sie sich nicht alle Gesetze merken müssen, sondern nur dieses eine. Denn dieses Gesetz vereinigt alle Gesetze, über die wir bisher gesprochen haben, und noch viele andere wichtige Prinzipien in sich, sodass Sie damit mehr erreichen können, als Sie sich je erträumt haben – und das auch sehr viel schneller.

Die harmonische Konvergenz

In der Planetologie gibt es ein theoretisches Ereignis, das man als *harmonische Konvergenz* bezeichnet. Dieses Ereignis soll angeblich eintreten, wenn alle Planeten zusammen eine Linie bilden und eine enorme Gravitationskraft erzeugen, die alle natürlichen Kräfte auf unserem Planeten verändern kann.

Diese harmonische Konvergenz ist das Äquivalent zu den mentalen Gesetzen, die wir in diesem Buch bisher besprochen haben. Das Gesetz der überbewussten Aktivität bewirkt, dass alle diese mentalen Gesetze im harmonischen Einklang miteinander stehen und zusammenwirken, damit Sie die Ziele erreichen, die Ihnen am wichtigsten sind. Sie können sich das wie ein sehr starkes Funksystem vorstellen, das Ihre Gedanken aussendet und Ihnen davon genau das zurückbringt, was Sie wollen und brauchen – und zwar genau zum richtigen Zeitpunkt.

Sie müssen sich nur einprägen und in völliger Gelassenheit akzeptieren, dass dieses Gesetz der überbewussten Aktivität 24 Stunden am Tag funktioniert – im Wachzustand ebenso wie während des Schlafs. Je entspannter Sie sind und je fester Sie darauf vertrauen, dass dieses Gesetz in Ihnen und Ihrem Umfeld wirkt, umso schneller und vorhersehbarer wird es für Sie arbeiten. Dieses Gesetz sorgt dafür, dass exakt das, was Sie wollen und brauchen, genau dann zu Ihnen kommt, wenn Sie innerlich bereit dafür sind.

Dieses eine Gesetz bringt alle anderen Gesetze und Prinzipien in einer einzigartigen Harmonie zusammen, die es Ihnen bald ermöglichen wird, innerhalb sehr viel kürzerer Zeit viel mehr zu erreichen, als Sie sich je erträumt haben.

Drei Bewusstseinsebenen in einem Geist

In der modernen Psychologie haben wir gelernt, dass jeder Mensch drei verschiedene Bewusstseinsebenen besitzt: Bewusstsein, Unterbewusstsein und Überbewusstsein. Die Psychologie hat sich hauptsächlich auf die ersten beiden Bewusstseinsebenen konzentriert.

Die erste Ebene – Ihr Bewusstsein oder bewusster Verstand – ist Ihr Grundbetriebssystem. Es verarbeitet sämtliche Daten, die Sie über Ihre verschiedenen Sinneskanäle – Sehen, Hören, Fühlen, Riechen, Schmecken und Bewegungen aller Art – in sich aufnehmen.

Ihr Unterbewusstsein funktioniert ganz anders: Diese Bewusstseinsebene hat nichts Schöpferisches oder Kreatives an sich, sondern befolgt einfach nur Befehle. Sie ist wie eine riesige Bibliothek oder ein riesiger Computer, der Informationen, Ideen und Emotionen aufnimmt und abruft. Ihre Aufgabe ist es, dafür zu sorgen, dass Ihre äußere Welt mit dem im Einklang steht, was Sie in Ihre innere Welt einprogrammiert haben.

Ihr Unterbewusstsein ist weder besser noch schlechter als die Informationen, die Sie in Ihren „Computer" eingespeist haben. Deshalb sagt man auch oft: „Müll rein, Müll raus."

Aber vergessen Sie nicht die Kehrseite dieses Prinzips: „Gutes rein, Gutes raus."

Ihr Überbewusstsein hat unmittelbaren Zugriff auf sämtliche Informationen und Daten, die in Ihrem Bewusstsein und

Unterbewusstsein abgespeichert sind. Und nicht nur das: Es hat auch Zugang zu neuen, anderen Informationen, die sich überall im Universum befinden.

Sie können jederzeit anfangen, Ihr Bewusstsein mit positiven, konstruktiven Botschaften und spannenden Ideen, Bildern und Zielsetzungen zu füttern, die zu dem Leben, das Sie führen möchten, und dem Menschen, der Sie werden möchten, passen. Ihr Überbewusstsein wird all dieses Positive schon sehr bald anziehen und in Ihre Realität holen.

Sigmund Freud nannte diese drei Bewusstseinsebenen *Ich* (das „Ich bin"), *Es* (Ihr Unterbewusstsein) und *Über-Ich* (das, was wir als Überbewusstsein bezeichnen).

Alle kreativen Durchbrüche, brandneuen Ideen, Erfindungen, Technologien, Kunstwerke, Musikstücke, Gedichte und anderen literarischen Werke sowie alle architektonischen Meisterleistungen, die fast wie Kunstwerke gestaltet sind (denken Sie nur einmal an den Parthenon, das Tadsch Mahal oder den Louvre), sind unserem Überbewusstsein entsprungen.

Alles, was Sie wollen, will automatisch auch Sie

Wenn Sie sich hundertprozentig darüber *im Klaren* sind, was Sie wollen, und diesen intensiven Wunsch mit einem inneren Bild und einem Gefühl von Glück und freudiger Erregung verbinden, aktivieren Sie dadurch Ihr Überbewusstsein: Sie beginnen automatisch, die Menschen, das Geld und die Umstände anzuziehen, mit deren Hilfe Sie Ihr Ziel schneller erreichen können, als Sie es für möglich gehalten hätten. Sie kommen auf bahnbrechende Ideen zur Lösung Ihrer Probleme und zur Erreichung Ihrer Ziele.

Je mehr Sie sich darauf verlassen, dass Ihr Überbewusstsein genau zum richtigen Zeitpunkt und genau auf die richtige Art und Weise für Sie arbeitet, umso schneller und präziser bringt es Ihnen das, was Sie sich wünschen, und zwar genau zu dem für Sie richtigen Zeitpunkt – keine Sekunde früher oder später.

Wie können Sie Ihr Überbewusstsein dazu bringen, dauerhaft für Sie zu arbeiten? Die Antworten auf diese Frage sind einfach, praxisorientiert und altbewährt. Sie wurden bereits seit Beginn der Menschheitsgeschichte eingesetzt, um Probleme zu lösen und kreative Durchbrüche zu erzielen. Eine dieser Möglichkeiten besteht darin, *sich Ziele zu setzen.* Auf dieses Thema kommen wir in Kapitel 13 noch näher zu sprechen. Eine andere Methode ist die sogenannte *Gedankenberuhigung,* durch die Sie Ihr Überbewusstsein besonders schnell aktivieren können.

Gedankenberuhigung

Eine der besten Methoden, das Überbewusstsein so schnell wie möglich zu aktivieren, ist die Meditation oder Gedankenberuhigung. Wenn Sie in die Stille gehen und Ihren Geist beruhigen, indem Sie ihn von allem Stress und allen Sorgen befreien, schaltet sich Ihr Überbewusstsein ganz automatisch ein. Immer wenn Sie ein Problem, eine Sorge oder ein Ziel haben, dann gehen Sie in die Stille und beruhigen Sie Ihren Geist. Sitzen Sie einfach ganz still da und warten Sie ab, was für eine Antwort Sie erhalten.

Immer wenn Sie ein Ziel haben, das Sie erreichen möchten, aber nicht wissen wie, oder wenn Sie ein Problem haben, das Sie lösen müssen, aber nicht wissen wie, gehen Sie in die Stille.

Suchen Sie sich ein Plätzchen, an dem Sie ganz ungestört sind, und sitzen Sie dort ungefähr 30 Minuten lang ruhig da. Das kann man überall praktizieren, doch im Freien oder in einer natürlichen Umgebung lassen sich überbewusste Aktivitäten anscheinend besonders schnell anregen. Setzen Sie sich auf Ihre Terrasse oder in Ihren Garten, in einen Park oder an den Strand. Atmen Sie tief durch. Der Schlüssel zur Aktivierung Ihres Überbewusstseins liegt in der Stille und Gelassenheit.

Gehen Sie in die Stille

Aber strengen Sie sich dabei nicht zu krampfhaft an! Versuchen Sie nicht, Ihr Denken unter Kontrolle zu bringen. Lassen Sie Ihre Gedanken einfach frei dahinfließen, während Sie ruhig in der Stille sitzen. Nach ungefähr 25 oder 30 Minuten wird etwas Außergewöhnliches passieren.

Die Lösung für Ihr größtes Problem (oder die Idee für den nächsten Schritt, den Sie unternehmen müssen, um Ihr wichtigstes Ziel zu erreichen) wird in Ihrem Geist aufsteigen, ähnlich wie ein Vogel, der sich ruhig und vertrauensvoll auf Ihre Schulter setzt. Die Antwort wird Ihnen völlig klar sein. Sie wird Ihnen zeigen, wie Sie Ihr Ziel hundertprozentig erreichen oder Ihr Problem hundertprozentig lösen können. Ihre Antwort wird in jeder Hinsicht perfekt sein.

Und dann stehen Sie auf und machen sich an die Arbeit im Vertrauen darauf, dass Sie genau wissen, was Sie tun müssen, und dass Ihnen auch klar ist, wie und wann Sie es tun müssen.

Diese einfache Übung habe ich im Lauf der Jahre erlernt, geübt und vielen Tausenden von Menschen beigebracht. Sie scheint tatsächlich bei allen Menschen und unter allen Umständen gut zu funktionieren.

Probieren Sie sie einfach einmal aus und überzeugen Sie sich selbst von ihrer Wirkung. Damit kann man ein gewünschtes Ergebnis oft mit viel weniger Zeit und Geld erzielen als auf herkömmliche Weise.

Die meisten Menschen haben in ihrem ganzen Leben noch nie 30 Minuten lang ganz still und für sich allein dagesessen. Damit haben sie sich um eines der wirksamsten Werkzeuge für persönlichen Erfolg und persönliches Glück gebracht.

ÜBUNG

Um ein Problem zu lösen oder ein Ziel zu erreichen, gehen Sie in die Stille. Sitzen Sie 30 Minuten lang ruhig da und beobachten Sie, was passiert. Dabei werden Sie vielleicht eine Überraschung erleben. Ihr Überbewusstsein funktioniert am besten in einem geistigen Klima der Zuversicht und des Vertrauens. Machen Sie diese Übung regelmäßig.

Teil Zwei

Praktische, bewährte Techniken und Methoden, mit denen Sie Ihr Einkommen verdoppeln und verdreifachen können

Kapitel 13

Das Gesetz der Zielsetzung

Das Gesetz der Zielsetzung besagt, dass Sie alle Ziele, die Sie sich setzen, erreichen können, wenn Sie bereit sind, lange und hart genug dafür zu arbeiten.

Ihre Fähigkeit, sich in sämtlichen Bereichen Ihres Lebens Ziele zu setzen und diese dann auch zu erreichen, ist ein Wunder der menschlichen Existenz. Wenn Sie sich an das einfache Vorgehen halten, das Sie gleich erlernen werden, ersparen Sie sich Monate, ja sogar Jahre harter Arbeit und erreichen trotzdem das gleiche Ausmaß an Leistung und Einkommen. Denn dieses Erfolgsrezept zur Setzung und Erreichung von Zielen aktiviert alle mentalen Gesetze, die zu Ihren Gunsten wirken – vor allem das Gesetz der überbewussten Aktivität.

Die Bedeutung von Klarheit und Fokussierung

Die beiden wohl wichtigsten Schlüsselbegriffe für das Setzen und Erreichen von Zielen (und überhaupt für jeden Erfolg) lauten *Klarheit* und *Fokussierung*. Erstens müssen Sie sich hundertprozentig darüber im Klaren sein, was Sie wollen. Wenn Ihnen das nicht klar ist – wenn Sie zuerst eine Botschaft und im nächsten Moment genau die gegenteilige Botschaft aussenden –, dann füttern Sie Ihr Unter- und Überbewusstsein mit unklaren, verwirrenden Botschaften, und das bewirkt entweder gar nichts oder führt zu konfusen oder gar keinen Ergebnissen.

Wenn Sie zunächst an Erfolg und dann an Misserfolg denken, gehen Sie zuerst einen Schritt vorwärts und dann gleich wieder einen Schritt zurück – und befinden sich letzten Endes genau da, wo Sie angefangen haben. *Müll rein, Müll raus.*

Der Sisyphus-Mythos

Es gibt einen berühmten griechischen Mythos über Sisyphus, den König von Korinth. Dieser König wurde vom Gott Hades dazu verdammt, einen riesigen Felsbrocken einen Hügel hochzurollen, der jedes Mal, wenn er sich dem Gipfel näherte, wieder hinunterrollte. Sisyphus war gezwungen, diese Aktion bis in alle Ewigkeit zu wiederholen. Heute bezeichnen wir eine mühsame und vergebliche Aufgabe, die man anscheinend nie zu Ende bringen kann, als Sisyphusarbeit.

Viele Menschen erledigen diese Art von Arbeit ihr ganzes Berufsleben lang: Sie machen ein paar kleine *Fortschritte* und dann wieder ein paar kleine *Rückschritte*. Und letztendlich sind sie – wenn überhaupt – nicht viel weitergekommen. Sie haben immer noch die gleichen finanziellen und persönlichen Probleme wie vor vielen Jahren zu Beginn ihrer Karriere.

Die Macht der Konzentration und Vollendung

Wenn Sie bei irgendetwas Wichtigem Erfolg haben möchten, sollten Sie sich zielstrebig immer nur auf einen Schritt konzentrieren und so lange dranbleiben, bis dieser Schritt abgeschlossen ist. Es ist erstaunlich, wie viele Menschen lange und hart an der Erreichung eines Ziels arbeiten und dann in letzter Minute – manchmal sogar dann, wenn sie ihr Ziel schon zu 95 Prozent erreicht haben – einen Rückzieher machen und irgendwelche Ausreden dafür finden, sich stattdessen lieber ins gesellschaftliche Leben stürzen oder in Urlaub fahren. Sie ziehen ihr Vorhaben nicht bis zum Ende durch. Sie stellen diese eine Aufgabe oder die Arbeit an diesem einen Ziel, dessen Erreichung ihr Leben von Grund auf verändern würde, nicht fertig.

Wenn es immer wieder vorkommt, dass Sie eine Aufgabe oder den Weg zu einem Ziel nicht zu Ende führen, entsteht dadurch mit der Zeit eine Gewohnheit, ein Verhaltensmuster, das sich von Mal zu Mal schwerer durchbrechen lässt.

Wir alle wissen, wie leicht es uns zur Gewohnheit wird, Dinge auf die lange Bank zu schieben oder nur halb fertigzustellen. Doch genauso leicht können wir die Gewohnheit entwickeln, *Aufgaben zu Ende zu bringen.* Das Gute daran ist, dass Ihr Körper jedes Mal, wenn Sie eine Aufgabe in Angriff nehmen und erfolgreich abschließen, eine Menge positiver Hormone ausschüttet, wie beispielsweise Dopamin, Serotonin, Oxytocin und vor allem Endorphine. Diese werden oft als „Glücksdrogen der Natur" bezeichnet. Denn diese Hormone erzeugen ein natürliches High und sind dabei auch noch gesund. Sie schenken Ihnen ein Gefühl des

Wohlbefindens und der persönlichen Stärke, sodass Sie sich wie ein Gewinner fühlen.

Entwickeln Sie eine positive Sucht

William Glasser, einer der großen Psychologen des 20. Jahrhunderts, hat im Jahr 1976 das Buch *Positive Addiction* geschrieben. Dabei ging Glasser von einer ganz einfachen Idee aus: Er zeigte, dass alles, was Sie tun – egal ob erfolgreich oder erfolglos –, zur Ausschüttung biochemischer Substanzen in Ihrem Gehirn führt, die entweder positive oder negative Auswirkungen haben. Mit der Zeit können Sie es sich zur Gewohnheit machen, die „guten" Chemikalien zu aktivieren und dadurch positive Wirkungen herbeizuführen. Eine solche „positive Sucht" entsteht zum Beispiel durch die Glücksgefühle, die man jedes Mal empfindet, wenn man eine Aufgabe, egal welcher Art, beginnt und zu Ende führt. Diese Glücksgefühle motivieren Sie dazu, das immer wieder zu tun – so lange, bis es Ihnen zur neuen Gewohnheit geworden ist.

Alles, was man immer wieder sagt oder tut, wird früher oder später zu einer solchen neuen Gewohnheit. Anfangs ist es schwierig, eine neue Gewohnheit zu entwickeln, doch mit der Zeit fällt es uns immer leichter. Was uns anfangs noch große Anstrengung kostete, wird bald zum Automatismus und gelingt uns mühelos, so wie Fahrradfahren. Oder um es ganz einfach auszudrücken: Erfolgreiche Menschen haben Erfolgsgewohnheiten. Erfolglose Menschen haben noch keine Erfolgsgewohnheiten, aber wenn sie wollen, können sie welche entwickeln.

Und hier kommt noch eine weitere positive Erkenntnis: Immer wenn Sie eine kleine Aufgabe in Angriff nehmen und zu Ende führen, bekommen Sie einen kleinen Schub an positiven biochemischen Substanzen. Dann sind Sie glücklich, aber nur ein kleines bisschen. Doch wenn Sie Ihre allergrößte, wichtigste Aufgabe in Angriff nehmen und zu Ende führen, werden diese positiven chemischen Substanzen Sie in einen richtigen Rausch versetzen. Sie werden sich großartig fühlen und vor lauter Glück vielleicht sogar laut lachen. Sie werden sich wie ein Gewinner fühlen. Sie werden das herrlichste aller menschlichen Gefühle erleben: Freude. Und dann werden Sie ganz von selbst den Wunsch haben, eine ähnliche oder noch größere Aufgabe in Angriff zu nehmen und abzuschließen, um sich wieder so fantastisch zu fühlen.

Eine wahre Erfolgsgeschichte

Vor ein paar Jahren bot mein Beratungs- und Trainingsunternehmen „Brian Tracy International" in San Diego ein zweitägiges intensives Business-Programm namens „Total Business Mastery" an. Eines Tages erhielten wir einen Anruf von einem Interessenten aus Auckland (Neuseeland). Mein Gesprächspartner hatte von meinem Infomaterial zur Setzung von Zielen sehr profitiert und wollte zusammen mit sieben anderen Mitarbeitern seines Unternehmens nach San Diego fliegen, um an diesem Kurs teilzunehmen. Natürlich waren wir einverstanden und hießen ihn bei seiner Ankunft herzlich willkommen.

Während dieses Programms nahm „Richard" mich beiseite und erzählte mir seine Geschichte. Ich habe sie nie wieder vergessen. Vor vielen Jahren war er ein bescheidener Lastwagenfahrer aus einer Arbeiterfamilie gewesen, der eine Tour in Neuseeland fuhr, auf der er Pakete und Frachtgüter abholte und ablieferte. Dann las er eines Tages meine Ausführungen zur Setzung von Zielen und fragte sich: „Welches Ziel hätte wohl den größten positiven Einfluss auf mein Leben, wenn ich es erreichen würde?"

Damals arbeitete Richard als angestellter Fahrer für ein größeres Unternehmen. Die Einnahmen aus dem Transport gingen zu einem Drittel an den Eigentümer des Lkws, zu einem Drittel an die Transportfirma und zu einem Drittel an den Fahrer. Wenn er einen eigenen Lkw hätte, könnte er also zwei Drittel des Geldes verdienen, das für den Transport gezahlt wurde.

Das erhob Richard nun zu seinem obersten Ziel. Er schrieb es auf, entwickelte einen Plan zur Erreichung dieses Ziels und begann zusammen mit seiner Frau und seinen beiden Söhnen darauf hinzuarbeiten. Innerhalb eines Jahres hatte er genügend Geld gespart, um eine Anzahlung für einen eigenen Lastwagen zu leisten. Dadurch verdoppelte sich sein Einkommen beinahe. Also beschloss er, es noch einmal zu versuchen. Er arbeitete lange und hart und sparte das verdiente Geld. Am Ende des zweiten Jahres hatte Richard sich bereits einen zweiten Lkw angeschafft und konnte sein Einkommen dadurch verdoppeln bzw. verdreifachen.

In den nächsten zehn Jahren kaufte er immer mehr Lastwagen und gründete schließlich ein eigenes Speditionsunternehmen. Als Richard nach San Diego kam, um an unserem Seminar teilzunehmen, hatte er bereits 110 Lkws und war der führende Spediteur in Neuseeland. Und wie er mir erzählte, hatte das alles schlicht und einfach damit begonnen, dass er sich ein Ziel aufschrieb, einen Plan zu seiner Erreichung entwickelte und sieben Tage pro Woche an diesem Plan arbeitete.

Das ist eine meiner Lieblingsgeschichten und ein gutes Beispiel dafür, was Sie und andere Menschen alles erreichen können, wenn Sie sich klare, schriftlich formulierte Ziele setzen und Aktionspläne zu deren Durchführung entwickeln. Denn aus den bereits erwähnten Gründen ziehen Sie die Menschen, Ressourcen, Ideen und finanziellen Mittel, die Sie brauchen, um Ihre Ziele zu verwirklichen, dadurch automatisch an – vorausgesetzt, Ihre Ziele sind klar formuliert und fokussiert.

Die Sieben-Schritte-Formel für das Setzen von Zielen

Als ich die Strategie des Setzens von Zielen entdeckte, war ich 25 Jahre alt und pleite. Doch diese Strategie hat mein Leben für immer verändert. Seitdem habe ich mein ganzes Leben lang gelernt, mir Ziele zu setzen und sie zu erreichen. Ich habe meine Erfolgsrezepte für die Setzung von Zielen an Kursteilnehmer und Klienten in 84 Ländern weitergegeben – und sie haben mich und Millionen anderer Menschen vom Tellerwäscher zum Millionär gemacht.

Wie ich bereits zu Anfang dieses Buches erwähnt habe, lautet einer der häufigsten Sätze, die ich von Menschen auf der ganzen Welt höre: „Sie haben mein Leben verändert; Sie haben mich reich gemacht."

Und das liegt fast immer daran, dass diese Leute zum ersten Mal in ihrem Leben gelernt haben, sich Ziele zu setzen. Dadurch aktivierten sie sämtliche mentalen und physischen Gesetze des Geldes und entfesselten ihre persönliche Kraft, mehr zu erreichen, als sie sich je erträumt hatten. Sie übernahmen zu 100 Prozent die Kontrolle über ihr Leben.

Schritt 1: Überlegen Sie sich genau, was Sie wollen

Der erste Schritt – der Riesenschritt – macht alle weiteren Schritte überhaupt erst möglich: Überlegen Sie sich *genau*, was Sie wollen. Oder um eine alte Binsenweisheit zu zitieren: Wenn Sie es einem Sechsjährigen nicht erklären können, dann haben Sie es selbst nicht verstanden. Klarheit in der Zielsetzung ist das A und O.

Schritt 2: Schreiben Sie es auf

Ihre Fähigkeit, sich genau zu überlegen, was Sie wollen, und diesen Wunsch dann zu Papier zu bringen, ist der Wendepunkt in Ihrem Leben. Was auch immer Sie wollen – schreiben Sie es in der Gegenwartsform auf, so als ob Sie Ihr Ziel bereits erreicht hätten. Denn durch das Aufschreiben wird es sofort in Ihr Unterbewusstsein und Ihr Überbewusstsein einprogrammiert. Und diese beiden Bewusstseinsebenen fangen dann an, 24 Stunden pro Tag an der Erreichung Ihres Ziels zu arbeiten – so lange, bis es Wirklichkeit geworden ist. Dadurch gewinnt Ihr Ziel eine Eigendynamik und beginnt Ihr Leben zu verändern, und das manchmal schneller, als Sie es sich vorstellen können.

Schreiben Sie es auf. Schreiben Sie es auf. Schreiben Sie es auf.

Mein persönliches Coaching-Programm

Im Jahr 2001 begann ich, ein persönliches Coaching-Programm für Unternehmer anzubieten, die mindestens 100.000 Dollar pro Jahr verdienten.

Am ersten der vier Tage, die wir im Lauf des Jahres miteinander verbrachten, verteilte ich an alle Teilnehmer

Spiralhefte, wie man sie in der Schule bekommt, und sagte: „Ich möchte Ihnen jetzt Ihren neuen besten Freund vorstellen, nämlich dieses kleine Heftchen. Wenn Sie nichts anderes tun, als einfach nur meine Anweisungen zur Setzung von Zielen zu befolgen“ (denn wir gingen im Jahresverlauf noch mehr als 50 andere Business-Übungen durch), „werden Ihr Einkommen und Ihre Freizeit sich dadurch verdoppeln.“ Und das gelang auch tatsächlich allen Teilnehmern meines Coachings – ohne Ausnahme. Die meisten von ihnen schafften es sogar nicht erst nach zwölf Monaten, sondern schon im ersten Monat.

Setzen Sie sich Ihre Ziele

Machen Sie nun bitte die gleiche Übung, die wir damals in meinem persönlichen Coaching-Programm gemacht haben. Besorgen Sie sich ein Spiralheft. Ganz oben auf die erste Seite schreiben Sie das heutige Datum. Als Nächstes notieren Sie sich zehn Ziele, die Sie ungefähr in den nächsten zwölf Monaten erreichen möchten. Kurzfristige Ziele wirken motivierender als langfristige, weil man sie klarer *vor sich sehen* kann. Sie können natürlich auch Ziele für die nächsten zehn oder zwanzig Jahre verfolgen, aber für diese Übung schreiben Sie einfach nur zehn Ziele auf, die Sie innerhalb des nächsten Jahres verwirklichen möchten.

Sie sollten diese Zielsetzungen auf eine besondere Art und Weise formulieren, und zwar nach der *Drei-P-Regel*: Das heißt, die Ziele müssen im *Präsens, positiv* und *persönlich* formuliert sein, und zwar so, als ob Sie sie bereits erreicht hätten. Denn Ihr Unter- und Überbewusstsein kann einen Befehl nur dann akzeptieren, wenn er im Präsens – also in der Zeitform der Gegenwart – formuliert ist. Statt sich zu sagen: „Ich *werde* diese oder jene Summe verdienen", sagen Sie also lieber: „Ich *verdiene* bis zum Datum XY diese oder jene Summe."

Außerdem sollten Sie den Befehl *positiv* formulieren. Erzeugen Sie mit Ihren Worten ein positives inneres Bild, zum Beispiel: „Ich lebe zusammen mit meiner Familie in einem schönen, 370 Quadratmeter großen Haus."

Verwenden Sie immer das Wort *Ich*, wenn Sie an ein Ziel denken oder darüber sprechen. Ihr Unter- und Ihr Überbewusstsein nehmen nämlich alles *wörtlich:* Sie akzeptieren nur die einfachste Definition Ihres Ziels und machen sich dann an die Arbeit.

Schritt 3: Setzen Sie sich eine Frist

Eine genaue, klar definierte Frist wirkt wie ein innerer Zwang: Sie treibt Sie an und motiviert Sie – auf bewusster und unbewusster Ebene – zum Handeln. Ein Ziel ohne Frist hat keine Antriebskraft. Es ist einfach nur ein Zettel, der irgendwo herumliegt.

Und was tun Sie, wenn Sie Ihr Ziel nicht innerhalb dieser Frist erreicht haben? Ganz einfach: Sie setzen sich eine neue Frist. Normalerweise kann man nicht hundertprozentig genau sagen, wann Sie Ihr Ziel erreichen werden. Wahrscheinlich machen Sie diese Übung jetzt zum ersten Mal und müssen erst noch Erfahrungen damit sammeln. Es gibt keine unrealistischen Ziele, sondern nur unrealistische Fristen.

Wenn Ihr Ziel zu groß oder kompliziert ist, zerlegen Sie es in mundgerechte Stücke und erreichen Sie dann ein Etappenziel nach dem anderen. Nutzen Sie dabei das *Prinzip der Eigendynamik* des Erfolgs: Fangen Sie an und machen Sie dann einfach weiter. Sobald Sie an Schwung gewinnen, bewegen

Sie sich automatisch immer schneller auf Ihr Ziel zu und Ihr Ziel bewegt sich auch immer schneller auf Sie zu.

Das ist der Grund, warum Sie in den letzten 20 Prozent der Zeit, die Sie an einem Ziel arbeiten, 80 Prozent der Resultate erzielen. Und wann geben die meisten Menschen auf? Ausgerechnet kurz bevor der Erfolg in Sicht kommt, auf den sie so lange hingearbeitet haben! Lassen Sie nicht zu, dass Ihnen das passiert.

Schritt 4: Erstellen Sie eine Checkliste

Stellen Sie eine Liste mit allem auf, was Ihnen helfen könnte, Ihr Ziel zu erreichen. Immer wenn Ihnen etwas Neues einfällt, schreiben Sie es dazu.

Eines der besten Bücher, die jemals darüber geschrieben wurden, wie man es schafft, Erfolg im Leben zu haben, heißt *Checklist-Strategie: Wie Sie die Dinge in den Griff bekommen* [Originaltitel: *The Checklist Manifesto: How to Get Things Right]* von Atul Gawande und ist im Jahr 2013 [in dt. Übersetzung] erschienen. Darin erklärt der Autor, dass alles im Leben – vom kleinsten Kochrezept bis hin zum größten Wolkenkratzer – durch Checklisten entsteht. Je mehr Zeit Sie in die Erstellung genauer Checklisten investieren, umso mehr werden Sie innerhalb kürzerer Zeit mit höherer Qualität auf die Beine stellen.

Wenn Ihre Liste fertig ist, sollten Sie sie immer wieder zur Hand nehmen und neue Ideen und Aktivitäten dazuschreiben, die Sie Ihrem Ziel näherbringen. Fügen Sie immer wieder neue Punkte hinzu – so lange, bis Ihre Liste vollständig ist. Das spart Ihnen enorm viel Zeit und motiviert Sie dazu, mit Ihrer Arbeit zu beginnen und dann auch konsequent bei der Stange zu bleiben.

Schritt 5: Ordnen Sie die Punkte auf Ihrer Liste nach Reihenfolge und Priorität

Was müssen Sie zuerst erledigen? Was kommt als Zweites? Was sollten Sie zum jetzigen Zeitpunkt nicht tun? Ihre Fähigkeit, bei der Erstellung Ihrer Liste klare Prioritäten zu setzen und mit der wichtigsten Aufgabe zu beginnen, ist für Ihren Erfolg ausschlaggebender als alles andere.

Sie müssen lernen, das Gesetz des geringsten Widerstands zu überwinden. Dieses Prinzip beruht auf der Tatsache, dass alles in der Natur den schnellsten und einfachsten Weg sucht, um eine Aufgabe zu erledigen – den Weg, der am wenigsten Zeit, Energie oder Geld erfordert. Denn in der Natur ist alles darauf ausgerichtet, Energie zu sparen.

Dies ist vielleicht das stärkste Gesetz oder Motiv für unser Verhalten. Es wird auch oft als *Zweckmäßigkeitsfaktor* bezeichnet und besagt, dass Menschen immer den schnellsten und einfachsten Weg suchen, um das zu bekommen, was sie wollen, ohne sich Gedanken über die sekundären oder langfristigen Folgen ihres Verhaltens zu machen.

Dieses Thema ist ein sehr weites Feld; dabei spielen viele wirtschaftliche und psychische Aspekte, aber auch die menschliche Natur an sich eine wichtige Rolle. Doch letztendlich kann man aus all diesen verschiedenen Faktoren eine ganz einfache Quintessenz ableiten: nämlich die Tatsache, dass Menschen *faul* sind. Ihre Zeit, ihre Energie und ihr Geld sind ihnen sehr wichtig, daher suchen sie stets nach Möglichkeiten, weniger davon zu investieren, um das zu bekommen, was sie wollen.

Es ist weder gut noch schlecht, sich in seinem Handeln von der Frage der Zweckmäßigkeit leiten zu lassen. Ob eine Handlung positiv oder negativ war, hängt einzig und allein von ihren *Folgen* ab. Unser ganzer wissenschaftlicher und technologischer Fortschritt beruht darauf, dass wir immer schnellere, bessere, einfachere und billigere Wege finden, um die von den Menschen gewünschten Ergebnisse zu erzielen. Daher kann zweckmäßiges Handeln für den Erfolg eine ganz entscheidende Rolle spielen.

Ihre Erfolgschancen sind jedoch am größten, wenn Sie bei Ihrer Arbeit und in Ihren täglichen Aktivitäten dem Zweckmäßigkeitsfaktor widerstehen und nicht das tun, was schnell und einfach geht, sondern das, was richtig und notwendig ist.

Schon allein indem Sie Ihren Entscheidungsprozess verlangsamen, wird die Qualität der Entscheidung, die Sie letztendlich treffen, normalerweise besser. Einer der besten Sätze, die Sie, vor allem in komplizierten Situationen, sagen können, lautet: „Ich will lieber erst mal ein bisschen darüber nachdenken, bevor ich mich entscheide.“

Schritt 6: Setzen Sie die Punkte auf Ihrer Liste um

Tun Sie etwas – irgendetwas –, aber fangen Sie *jetzt gleich* damit an und machen Sie so lange weiter, bis Sie zumindest einen Teil Ihrer Gesamtaufgabe erledigt oder einen Teil Ihres Ziels erreicht haben. Die Fertigstellung einer Aufgabe, egal welchen Umfangs, ist ein wichtiger Motivator, der Sie dazu anspornt, die nächste Aufgabe in Angriff zu nehmen ... und dann die nächste ... und dann die übernächste. Eine Aufgabe zu Ende zu führen, macht Sie tatsächlich glücklich. Sie führt zur Ausschüttung von Glücksdrogen in Ihrem Organismus. Und dann fühlen Sie sich wie ein Gewinner.

Widerstehen Sie der Gewohnheit, Dinge auf die lange Bank zu schieben. Eine der Hauptursachen für Misserfolg und Frustration ist unsere typisch menschliche Neigung, unsere wichtigsten Aufgaben aufzuschieben, statt sie sofort in Angriff zu nehmen. Und leider wird das, was wir immer wieder tun, uns schnell zur Gewohnheit, egal ob es etwas Gutes oder Schlechtes ist.

Die meisten Menschen haben diese Gewohnheit des Aufschiebens entwickelt; deshalb erreichen sie in ihrem Leben auch nicht besonders viel. Und wenn sie tatsächlich einmal etwas tun, beginnen sie nicht mit den wichtigsten Aufgaben, sondern mit den kleinsten und einfachsten, die auf Dauer den geringsten Beitrag zu ihrem Erfolg leisten. Am Ende des Tages sind sie dann zwar müde, haben aber nur kleine, unwichtige Arbeiten erledigt.

Schätzungen zufolge verschwenden wir Menschen ganze 50 Prozent unserer Arbeitszeit: Wir chatten mit Kollegen, spielen am Computer oder tippen auf unserem Smartphone herum. Doch all das bringt Ihnen nichts. Leisten Sie lieber jeden Tag einen Beitrag zur Erfüllung Ihrer wichtigsten Aufgabe. Halten Sie die Energie am Fließen. Lassen Sie nicht locker. Und denken Sie daran, dass die Blicke aller Menschen auf Sie gerichtet sind.

Schritt 7: Machen Sie weiter

Tun Sie jeden Tag etwas, das Sie Ihrem wichtigsten Ziel wenigstens einen Schritt näher bringt. Legen Sie los und bleiben Sie dran. Nutzen Sie das Prinzip der Eigendynamik, um mit immer weniger Energie immer mehr Arbeit zu bewältigen. Auf dieses Thema werden wir in Kapitel 25 noch ausführlicher zu sprechen kommen.

Um wirklich alles erreichen zu können, was für Sie im Bereich des Möglichen liegt, brauchen Sie ein System zur Setzung und Erreichung von Zielen. Dafür gibt es viele komplizierte Systeme. Ich habe ein 263-seitiges Buch mit dem Titel *Ziele* [Originaltitel: *Goals!*] geschrieben, in dem ich meinen Lesern Dutzende von Ideen verrate, wie man Ziele schneller ins Auge fassen und erreichen kann als je zuvor. Doch was Sie jetzt brauchen, ist das einfache System, das ich Ihnen vorhin erklärt habe. Dieses System hat nicht nur mein eigenes Leben für immer verändert, sondern auch das Leben von über einer Million Teilnehmer meiner Seminare. Es ist einfach, leicht anzuwenden und funktioniert unter Garantie.

Arbeiten Sie bei der Erreichung Ihrer Ziele mit dem folgenden bewährten Drei-Schritte-System.

Als Erstes nehmen Sie ein Spiralheft oder einen Notizblock zur Hand und schreiben das Wort „Ziele" und das heutige Datum ganz oben auf die erste Seite. Als Nächstes schreiben Sie zehn Ziele auf, die in der Zeitform der Gegenwart, positiv und persönlich formuliert sind. Es können natürlich auch mehr als zehn sein; aber konzentrieren Sie sich zunächst einmal auf die ersten zehn Ziele, die Ihnen einfallen, und notieren Sie sie. Denken Sie daran, dass diese Ziele nicht in Stein gemeißelt sind. Sie können Ihre Liste im Lauf der Zeit nach Belieben ergänzen oder einkürzen und Ihre Ziele natürlich auch anders formulieren oder neu definieren.

Zweitens: Entscheiden Sie, welches Ziel Ihnen am wichtigsten ist. Stellen Sie sich die Frage: „Welches Ziel auf dieser Liste hätte wohl den größten positiven Einfluss auf mein Leben, wenn ich es innerhalb von 24 Stunden erreichen würde?"

Die richtige Antwort wird Ihnen normalerweise sofort einfallen, sobald Sie sich diese Frage gestellt haben. Diese

Antwort wird entweder Ihr größtes Problem lösen oder Ihnen dabei helfen, sich Ihren größten Wunsch zu erfüllen. Und egal wie Ihre Antwort ausfällt, die Erreichung dieses Ziels kann Ihnen mehr alles andere helfen, Ihre Lebensqualität zu verbessern. Umkringeln Sie dieses Ziel.

Drittens: Wenden Sie die 20-Antworten-Methode an. Blättern Sie um, fangen Sie eine neue Seite an und schreiben Sie ganz oben die Worte „Die 20-Antworten-Methode" hin. Fragen Sie sich: „Was kann ich ab heute tun, um mein wichtigstes Ziel zu erreichen?"

Als Nächstes konzentrieren Sie sich darauf, mindestens 20 Antworten auf diese Frage zu Papier zu bringen. Es dürfen auch mehr als 20 sein; Sie sollten aber auf jeden Fall mindestens 20 Antworten aufschreiben.

Wenn Sie das zum ersten Mal tun, wird es eine der schwierigsten Übungen sein, die Sie je gemacht haben. Vielleicht frustriert Sie das alles so sehr, dass Sie am liebsten aufgeben würden. Doch das ist ein wichtiger Test, denn dabei zeigt sich, ob es Ihnen ernst damit ist, Ihr wichtigstes Ziel zu erreichen. Für diesen Test gibt es nur zwei mögliche Noten: bestanden oder durchgefallen – und Ihre Aufgabe ist es, ihn zu bestehen.

Ich habe diese Übung im Lauf der Jahre schon vielen meiner Coaching-Klienten und Seminarteilnehmer vorgelegt und war immer wieder erstaunt darüber, wie oft die 20. Antwort den Wendepunkt in ihrem Leben herbeiführte. Aber sie wären niemals so weit gekommen, wenn sie nicht die Disziplin und Entschlossenheit gehabt hätten, die ersten 19 Antworten aufzuschreiben. Manchmal löst der 20. Lösungsvorschlag ein Problem, mit dem Sie schon seit Jahren zu kämpfen haben. Er kann Ihnen unter Umständen monate- oder jahrelange harte Arbeit ersparen.

ÜBUNG

Nehmen Sie jeden Tag zuallererst Ihr Spiralheft heraus und schreiben Sie Ihre zehn wichtigsten Ziele auf – und zwar in der Gegenwartsform und ohne auf den vorigen Tag Bezug zu nehmen. Seien Sie diszipliniert genug, das einen Monat lang täglich zu praktizieren. Es gibt Menschen, die ihr Einkommen mithilfe dieser Übung verdoppelt oder verdreifacht haben. Ich habe sie sogar meinen Coaching-Klienten als gute Methode empfohlen, um ihr Einkommen und ihre Freizeit zu verdoppeln. Sie hat noch nie versagt.

Kapitel 14

Das Gesetz des Zeitmanagements

Dieses Gesetz besagt, dass Ihre Lebensqualität von der Qualität Ihres Zeitmanagements abhängt. Dazu gehört auch die Frage, wie Sie die Minuten und Stunden jedes Tages investieren oder verbringen. Wenn Sie Ihre Tage genau vorausplanen und genügend Selbstdisziplin aufbringen, um Ihre wichtigsten Aufgaben anzupacken und so lange konsequent und beharrlich daran zu arbeiten, bis sie erledigt sind, werden Sie bald die Gewohnheit einer hohen Produktivität entwickeln. Infolgedessen werden sich wichtige Türen für Sie öffnen. Sie werden größere und bedeutendere Aufgaben anziehen und mehr Geld verdienen – ganz im Sinn des folgenden Bibelzitats: „Gut gemacht, du bist ein tüchtiger und zuverlässiger Verwalter. In kleinen Dingen bist du treu gewesen, darum werde ich dir Großes anvertrauen." (Matthäus 25,23)

Das Leben ist eine Reise

Zu Beginn Ihrer Lebensreise haben Sie – wie die meisten Menschen – viel Zeit, aber sehr wenig Geld. Ihr Ziel besteht darin, dieses Verhältnis im Lauf Ihres Lebens zu ändern, sodass Ihnen mit der Zeit immer mehr Geld zufließt. Früher oder später werden Sie den Punkt erreichen, an dem Sie genug Geld haben, um mehr von dem tun zu können, was Ihnen wirklich Freude macht.

Wenn Sie so viel Geld haben, dass Sie sich keine Sorgen mehr darüber zu machen brauchen, besteht der wohl größte Vorteil dieser finanziellen Unabhängigkeit in der damit verbundenen *Freiheit.* Sie können frei entscheiden, was Sie für sich und Ihre Familie haben möchten. Sie können in ein Restaurant gehen und bestellen, was Sie wollen, statt zuerst auf die rechte Spalte schauen zu müssen, um zu sehen, wie viel Hunger Sie sich leisten können.

Die 1000-Prozent-Formel

Es gibt eine einfache, bewährte und praxisorientierte Methode, Ihr Einkommen um das Zehnfache zu steigern. Ich habe dieses Erfolgsrezept schon Tausenden von Menschen beigebracht, und bisher hat noch niemand gesagt, dass es nicht funktioniert.

Wie schaffen Sie es, Ihr Einkommen um das Zehnfache zu steigern? Ganz einfach: indem Sie sich den *Zinseszinseffekt* zunutze machen. Wenn Sie Ihre Produktivität jeden Monat um zwei Prozent steigern (was jeder Mensch schaffen kann, indem er einfach jeden Tag genau vorausplant), dann haben Sie Ihre Produktivitätsleistung und Ihren Output nach zwölf Monaten um 25 Prozent gesteigert.

Wenn Sie Ihre Leistung und Produktivität jeden Monat um zwei Prozent steigern, verdoppelt sich Ihr Einkommen, mitsamt Zinseszins, innerhalb von zwei Jahren und sieben Monaten. Und wenn Sie Ihre Produktivität weiterhin jeden

Monat um zwei Prozent steigern (das sind 25 Prozent pro Jahr), wird sich Ihr Einkommen in zehn Jahren um 1004 Prozent erhöht haben, wenn Sie den Zinseszinseffekt mit einrechnen.

Als ich vor ein paar Jahren ein Seminar in Seattle gab, kam Chris – ein früherer Schüler von mir – mit breitem Grinsen auf mich zu und sagte: „Ihre 1000-Prozent-Formel funktioniert nicht."

„Wie meinen Sie das?", fragte ich ihn.

„Ich habe dieses Erfolgsrezept jeden Tag praktiziert, seit ich es von Ihnen gelernt hatte – aber es hat keine zehn Jahre gedauert, sondern nur sechs. In diesem Jahr habe ich zehnmal so viel verdient wie vor sechs Jahren."

Die 1000-Prozent-Formel besteht aus sieben Schritten. Hier sind sie:

1. Stehen Sie jeden Morgen um sechs Uhr auf. Das ist eine beliebte Angewohnheit vieler Selfmade-Millionäre und -Milliardäre.
2. Lesen Sie jeden Tag 60 Minuten lang irgendetwas Lehrreiches, Inspirierendes oder Motivierendes. Eine Stunde pro Tag – das bedeutet ein Buch pro Woche, und das summiert sich wiederum auf 50 Bücher pro Jahr. Schon allein dadurch wird Ihr Einkommen um das Zehnfache steigen.
3. Schreiben Sie Ihre zehn wichtigsten Ziele in der Zeitform der Gegenwart in ein Spiralheft. Durch diese Gewohnheit, sich täglich Ziele zu setzen, wird Ihr Einkommen sich innerhalb von zehn Jahren nochmals verzehnfachen.
4. Planen Sie jeden Tag genau voraus. Erstellen Sie eine Erledigungsliste, ordnen Sie Ihre Aufgaben nach

Prioritäten und nehmen Sie zuerst die wichtigste Arbeit in Angriff.

5. Stellen Sie sich nach jedem Kundengespräch oder Erlebnis zwei Fragen: (1) „Was habe ich richtig gemacht?“ und (2) „Was würde ich beim nächsten Mal anders machen?“ Arbeiten Sie daran, sich kontinuierlich zu verbessern.
6. Hören Sie sich im Auto Audioprogramme an, aus denen Sie etwas lernen können, und verwandeln Sie Ihre Fahrzeit auf diese Weise in Lernzeit. Machen Sie Ihr Auto zu einer Universität auf Rädern.
7. Behandeln Sie jeden Menschen, der Ihnen begegnet, wie einen Millionen-Dollar-Kunden. Beginnen Sie damit jeden Morgen zu Hause mit Ihren eigenen Familienmitgliedern.

Praktizieren Sie diese sieben Verhaltensweisen tagtäglich. Sie werden staunen, wie viel produktiver und wertvoller Sie dadurch werden! Und durch das Wunder des Zinseszinseffekts werden Sie bald zu den bestbezahlten Menschen in Ihrem Berufsfeld gehören. Überlegen Sie sich einmal, wie anders Ihr Leben aussähe, wenn Sie das Zehnfache Ihres jetzigen Einkommens verdienen würden!

Unangenehmes zuerst!

Vor ein paar Jahren habe ich ein Buch über Zeitmanagement mit dem Titel *Eat That Frog: 21 Wege, wie Sie in weniger Zeit mehr erreichen* [Originaltitel: *Eat That Frog!: 21 Great Ways to Stop Procrastinating and Get More Things Done in Less Time*] geschrieben.

Dieses Buch ist inzwischen zu einem weltweiten Bestseller geworden und hat sich in 54 verschiedenen Sprachen millionenfach verkauft. Die Lektionen, die ich in diesem Buch vermittle, sind der Hauptgrund dafür, dass so viele Menschen sagen: „Sie haben mein Leben verändert; Sie haben mich reich gemacht."

Dass dieses Buch so beliebt ist, hat einen ganz einfachen Grund: Es steckt von der ersten bis zur letzten Seite voller einfacher, praktischer Prinzipien, die man sofort anwenden kann, um innerhalb kürzerer Zeit mehr zu erledigen – so ähnlich wie die 1000-Prozent-Formel.

Erstellen Sie eine Liste

Die vielleicht wichtigste Übung, die die Menschen dabei zuallererst machen, um ihre Zeit und ihr Leben in den Griff zu bekommen, ist folgende: Nehmen Sie jeden Abend ein Blatt Papier zur Hand und schreiben Sie alles, was Sie am nächsten Tag tun müssen, auf eine Liste. Beenden Sie Ihren Tag niemals, ohne eine solche Liste Ihrer Aktivitäten für den nächsten Tag aufgestellt zu haben.

Der Motivationsredner und Autor Denis Waitley sagt: „Ihre Vorstellungskraft ist Ihre Vorschau auf die kommenden Attraktionen des Lebens." Das gilt auch für Ihre tägliche Erledigungsliste.

Im Lauf des Tages werden sich zwar mit Sicherheit neue Aufgaben und Verpflichtungen ergeben. Doch bevor Sie sich dadurch ablenken lassen, setzen Sie sie lieber erst einmal auf Ihre Erledigungsliste. Und dann vergleichen Sie Ihre neue Aufgabe mit den anderen. Ist sie wichtiger? Wenn nicht, dann arbeiten Sie weiter an der wichtigsten Aufgabe Ihrer Liste. Fokussieren und konzentrieren Sie sich. Es geht um Ihre Zukunft. Lassen Sie sich durch nichts ablenken!

ÜBUNG

Nehmen Sie sich vor, jede Minute Ihres Lebens zu nutzen. Wenn Sie arbeiten, dann arbeiten Sie auch wirklich, und zwar ununterbrochen. Spielen Sie nicht herum. Verschwenden Sie keine Zeit. Stellen Sie sich vor, dass Ihr Chef neben Ihnen sitzt und Sie beobachtet. Was würden Sie anders machen, wenn er tatsächlich dort säße? Tun Sie das, was Sie unter seinem beobachtenden Blick anders machen würden, den ganzen Tag lang.

Kapitel 15

Das Zeitgesetz der Drei

Ihre Fähigkeit, zu erkennen, worin Ihre wertvollsten Aufgaben bestehen, und sich dann zielstrebig auf diese Aufgaben zu konzentrieren, ist für Ihr Einkommen und Ihren Erfolg genauso wichtig wie alles andere.

Während meiner Coaching- und Beratungstätigkeit habe ich immer wieder die Erfahrung gemacht, dass die meisten meiner Klienten sich überfordert fühlten, weil sie zu viel Arbeit und zu wenig Zeit hatten. Doch durch das Zeitgesetz der Drei hat sich das schlagartig geändert. Die Wirksamkeit dieses Prinzips beruht auf seiner Einfachheit und der Tatsache, dass Sie dadurch an ein und demselben Tag mehr und bessere Ergebnisse erzielen können.

Laut diesem Gesetz werden Sie, wenn Sie eine Liste aller Aufgaben erstellen, die Sie an einem Tag oder innerhalb einer Woche erledigen müssen, auf ungefähr 20 bis 30 Aktivitäten kommen. Aber nur *drei* dieser Aktivitäten machen 90 Prozent des Wertes von allem aus, was Sie am kommenden Tag oder in der nächsten Woche zu tun haben.

Welche Aufgaben?

Schauen Sie sich nun einmal alle Punkte auf Ihrer Liste an und stellen Sie sich dann die folgende Frage: „Welche Aufgabe würde mir und meinem Unternehmen den größten Nutzen bringen, wenn ich sie in Angriff nähme und erledigte, bevor ich die Stadt für einen Monat verlassen muss?“

Die Antwort auf diese Frage wird Ihnen normalerweise sofort einfallen, denn sie ist sonnenklar: Es ist die eine Handlung, die den wertvollsten Beitrag für Sie und Ihre Arbeit darstellt – und gleichzeitig auch die eine Aufgabe, die Sie wohl am ehesten auf die lange Bank schieben würden.

Als Nächstes stellen Sie sich die Frage: „Wenn ich nur *zwei* Dinge von dieser Liste erledigen könnte, bevor ich die Stadt für einen Monat verlassen muss, was wäre dann die zweitwichtigste Aufgabe?“

Und zuletzt fragen Sie sich: „Wenn ich nur *drei* Dinge von dieser Liste erledigen könnte, was wäre dann die drittwichtigste Aufgabe?“

Bei der Durchführung dieser Übung mit Tausenden von Unternehmern, Vertriebsprofis und Geschäftsleuten haben wir die Erfahrung gemacht, dass die drei Aktivitäten, die daraufhin genannt werden, normalerweise 90 Prozent des Wertes, den Sie zu Ihrem Geschäft beitragen, 90 Prozent Ihres Einkommens und 90 Prozent Ihres Erfolgs in den kommenden Wochen und Monaten ausmachen. Alles andere, was Sie tun, ist im Vergleich dazu Zeitverschwendung.

Oder wie Peter Drucker, der Pionier der modernen Managementlehre, einmal gesagt hat: „Nichts ist so nutzlos, wie etwas, das eigentlich gar nicht getan werden sollte, ungeheuer effizient zu erledigen.“

Fangen Sie jetzt gleich damit an

Sobald Sie die obige Übung zum Zeitgesetz der Drei absolviert haben, beginnen Sie am nächsten Morgen sofort mit der Arbeit an Ihrer wichtigsten Aufgabe, und bringen Sie dann genügend Selbstdisziplin auf, um so lange ununterbrochen daran zu arbeiten, bis sie erledigt ist.

Wenn Sie Ihren Tag stets genau vorausplanen, gleich morgens mit Ihrer wichtigsten Aufgabe beginnen und dann so lange dranbleiben, bis Sie damit fertig sind, wird sich Ihre Produktivität mindestens verdoppeln oder verdreifachen, wenn nicht sogar verfünffachen oder verzehnfachen.

Anfangs wird Ihnen das schwerfallen, doch mit zunehmender Übung wird es immer leichter. Schon Goethe hat gesagt: „Alles ist schwer, bevor es einfach ist.“ Bald werden Sie sich richtig darauf freuen, mit Ihrer wichtigsten Aufgabe anzufangen und so lange dranzubleiben, bis sie fertig ist. Und Ihre Produktivität wird sich dadurch um ein Vielfaches steigern!

ÜBUNG

Wählen Sie eine Aufgabe aus, die Sie immer wieder auf die lange Bank schieben oder nur halb erledigen – eine Verzögerungstaktik, für die Sie mühelos alle möglichen Ausreden finden. Machen Sie sich von heute an einen Spaß daraus, jeden Tag zuerst Ihre wichtigste Aufgabe in Angriff zu nehmen und zu erledigen, und zwar so lange, bis es Ihnen zur Gewohnheit geworden ist.

Kapitel 16

Das Gesetz der Kreativität

Dieses Gesetz besagt, dass Sie ein *potenzielles* Genie sind. Es gibt kein Problem, das Sie nicht lösen können, und kein Ziel, das Sie mit der Kraft Ihres Geistes nicht erreichen können.

Oder wie Motivationsredner Denis Waitley einmal gesagt hat: „Sie haben mehr Potenzial, als Sie in 100 Leben nutzen könnten."

Eine gute Idee ist das Einzige, was Sie brauchen, um ein Vermögen zu verdienen. Jeff Bezos hatte zum Beispiel die Idee, Bücher aus seiner Garage heraus mit Rabatt zu verkaufen. Er bot beliebte Bücher online mit einem Preisnachlass von 30 Prozent an, nahm die Bestellungen dafür entgegen und schickte sie dann an die Verlage. Heute verkauft Amazon mehr als drei Millionen Artikel und Jeff Bezos ist einer der reichsten Menschen der Welt.

Ihr Gehirn besteht aus über 100 Milliarden Zellen, den sogenannten *Neuronen,* die ungefähr eine Billion Verbindungen untereinander herstellen. Das sind eine Menge Gedanken!

Manchmal bringe ich meinen Schülern und Klienten etwas bei, was ich den *Schwarzenegger-Effekt* nenne. Wenn Sie die Supermuskeln von Arnold Schwarzenegger sehen, dann glauben Sie um Himmels willen nicht, dass er damit auf die Welt gekommen ist! Wir wissen, dass er seine Muskulatur viele Jahre und Tausende von Stunden lang durch Bodybuilding aufgebaut hat. Bis heute trainiert Schwarzenegger immer noch jeden Tag mehrere Stunden lang.

Ebenso verfügt auch Ihr Gehirn über ein enormes, vielleicht sogar grenzenloses Potenzial – aber Sie müssen es ständig trainieren, um es zu seiner vollen Entfaltung zu bringen. Genauso, wie Sie Ihre Muskeln kontinuierlich belasten müssen, um sie aufzubauen, müssen Sie auch Ihr Gehirn ständig beanspruchen, um Ihre stärkste Ressource zu optimieren: Ihre Fähigkeit, Probleme zu lösen, Entscheidungen zu treffen und Ziele zu erreichen. Denken Sie daran, dass Sie nur eine einzige gute Idee brauchen, um den Grundstein für Ihr Vermögen zu legen oder reich zu werden!

Jeder Fortschritt in der Geschäftswelt, im Vertrieb und in der Rentabilität eines Unternehmens entsteht dadurch, dass irgendjemand einen Weg gefunden hat, den Menschen bessere Dienste zu leisten, als dies momentan der Fall ist. Ich nenne das den *ER-Faktor*. Wenn Sie die Macht Ihrer Kreativität entfesseln, können Sie Wege finden, Menschen *bessere, schnellere, billigere* Dienstleistungen anzubieten – und das auch noch auf *einfachere* Weise. Kunden wollen immer das Allerbeste für möglichst wenig Geld. Ihre Aufgabe besteht darin, mithilfe Ihres angeborenen Genies mehr und bessere Leistungen für immer mehr Menschen bereitzustellen – und zwar schneller, billiger und besser als Ihre Konkurrenten.

Brainstorming versus Mindstorming

Beim Brainstorming, das unzählige Unternehmen reich gemacht hat, kommen mehrere Personen in einem strukturierten Umfeld zusammen, um Ideen zur Lösung irgendeines Problems oder zur Erreichung irgendeines Unternehmensziels zu entwickeln. Das Ziel einer Brainstorming-Sitzung besteht darin, eine Frage zu einem Problem oder Ziel zu formulieren und dann innerhalb einer bestimmten Zeitspanne (zum Beispiel 15 Minuten) möglichst viele Ideen zu generieren, um diese Frage zu beantworten oder dieses Ziel zu erreichen.

Zum Schluss werden die Ideen gesammelt und von anderen Personen (also nicht den Ideengebern) bewertet. Auf diese Weise stellt man sicher, dass niemand einfach nur aufgrund seines eigenen Egos entscheidet, ob eine Idee gut ist oder nicht.

Beim *Mindstorming* dagegen generieren Sie Ihre Ideen selbst. Das geht ganz einfach. Schreiben Sie eine konkrete Frage oben auf ein Blatt Papier, zum Beispiel: „Wie kann ich mein persönliches Einkommen innerhalb der nächsten sechs Monate um 50 Prozent steigern?“

Dann nehmen Sie sich vor, mindestens 20 Antworten auf diese Frage zu Papier zu bringen. Die ersten drei bis fünf Antworten werden Ihnen sehr leichtfallen – sie entsprechen in etwa dem Motto „Tue mehr oder weniger von diesem oder jenem.“ Die nächsten fünf Antworten sind schon ein bisschen schwieriger: Jetzt müssen Sie anfangen, Ihren Geist herauszufordern. Und die letzten zehn Antworten werden Ihnen extrem schwerfallen – dabei werden Sie oft das Gefühl haben, dass Ihnen beim besten Willen nichts mehr einfällt und Sie am liebsten aufgeben würden. Doch bei diesem Test geht es darum, herauszufinden, wie wichtig Ihnen Ihr Ziel ist.

Sie können bei diesem Mindstorming übrigens jederzeit versuchen, Ihre Kreativität mithilfe der Vier-Fragen-Methode anzuregen:

1. Wovon sollte ich mehr tun?
2. Wovon sollte ich weniger tun?
3. Gibt es irgendetwas, was ich zurzeit noch nicht tue und womit ich unbedingt anfangen sollte?
4. Womit sollte ich unbedingt aufhören?

Denken Sie daran, dass es bei diesem Test darauf ankommt, *etwas zu tun*: Die Fragen sollen Sie dazu anregen, Maßnahmen zu ergreifen, die Sie sonst nicht ergriffen hätten.

ÜBUNG

Wählen Sie irgendein Ziel oder Verfahren aus, das Ihnen Stress oder Sorgen bereitet oder Sie frustriert. Schreiben Sie es auf, formulieren Sie es klar und deutlich und entwickeln Sie dann möglichst viele Ideen, um dieses Ziel zu erreichen oder das betreffende Verfahren zu vereinfachen. Nutzen Sie dabei stets Ihre Kreativität, um die Qualität Ihres Lebens und Ihrer Arbeit zu verbessern. Denken Sie daran, dass Sie ein potenzielles Genie sind. Dadurch, dass Sie Ihre Ideen aufschreiben, fangen Sie automatisch an, Ihr Potenzial in die Realität umzusetzen.

Kapitel 17

Das Gesetz des Tauschs

Laut dem Gesetz des Tauschs ist Geld ein Medium, mit dem Menschen ihre Arbeitskraft bei der Produktion von Waren und Dienstleistungen gegen die Waren und Dienstleistungen anderer Menschen eintauschen.

Vor der Einführung des Geldes gab es ein direktes Tauschsystem, bei dem die Menschen Waren und Dienstleistungen unmittelbar gegen die Waren und Dienstleistungen ihrer Mitmenschen tauschten, ohne dabei das Medium Geld als „Zwischenstation" zu benutzen. Doch als die Zivilisation sich mit der Zeit immer weiterentwickelte und dieser Tauschhandel zu umständlich wurde, fanden die Menschen heraus, dass sie ihre Waren und Dienstleistungen in ein allgemein anerkanntes Medium, beispielsweise Münzen oder andere Arten von Geld, eintauschen konnten, das sich dann wiederum gegen die Waren und Dienstleistungen anderer Menschen eintauschen ließ. Dadurch wurde dieser ganze Prozess sehr viel effizienter. Heute gehen wir zur Arbeit und tauschen unsere Arbeit gegen Geld ein, mit dem wir dann wiederum die Früchte der Arbeit anderer Menschen kaufen.

Die erste Konsequenz aus diesem Tauschgesetz lautet, dass Geld eine Maßeinheit für den *Wert* ist, den die Menschen bestimmten Waren und Dienstleistungen beimessen.

Der Wert einer Sache hängt einzig und allein davon ab, wie viel jemand dafür zu zahlen bereit ist. Waren und Dienstleistungen haben keinen anderen Wert als das, was irgendjemand dafür bezahlen würde. Daher ist jeder Wert *subjektiv* und beruht auf den Gedanken, Gefühlen, Einstellungen und Meinungen des potenziellen Käufers zum Zeitpunkt der Kaufentscheidung.

Die zweite Konsequenz aus dem Tauschgesetz lautet, dass Ihre Arbeit von anderen Menschen entweder als Produktionsfaktor oder als Kostenfaktor angesehen wird.

Wir alle neigen dazu, den Schweiß unseres Angesichts oder unsere Arbeit als etwas Besonderes zu betrachten, weil sie etwas so Persönliches ist. Schließlich kommt sie von uns selbst und ist Ausdruck unserer Persönlichkeit. Für andere Menschen ist unsere Arbeit jedoch lediglich ein Kostenfaktor. Als intelligente Verbraucher, Arbeitgeber oder Kunden wollen wir möglichst wenig bezahlen und möglichst viel dafür bekommen – egal um wessen Arbeit es dabei geht.

Deshalb können Sie Ihrer eigenen Arbeit keinen objektiven Wert beimessen. Was Sie verdienen und was Sie in finanzieller Hinsicht wert sind, hängt einzig und allein davon ab, was andere Menschen auf einem wettbewerbsorientierten Markt für Ihre Arbeit zu zahlen bereit sind.

Wenn Sie den Wert des Beitrags, den Sie zum Erfolg Ihres Unternehmens leisten, erhöhen, wird Ihr Chef Ihnen freiwillig mehr bezahlen, statt Sie womöglich zu verlieren und durch einen anderen Mitarbeiter ersetzen zu müssen.

Die dritte Konsequenz aus dem Tauschgesetz lautet, dass das Geld, das Sie verdienen, dem Wert entspricht, den andere Menschen Ihrer Arbeit oder Leistung beimessen.

Der Arbeitsmarkt funktioniert nach ganz einfachen Gesetzmäßigkeiten. Sie werden immer in direktem Verhältnis zu drei Faktoren bezahlt: (1) der Arbeit, die Sie leisten, (2) der Qualität Ihrer Arbeit (also der Frage, wie gut Sie diese Arbeit leisten) und (3) der Frage, wie schwierig es ist, Sie zu ersetzen.

Wie viel man Ihnen bezahlt, steht in direktem Verhältnis zur Quantität und Qualität Ihrer Leistung im Vergleich zu den Leistungen anderer Menschen in Kombination mit dem Wert, den Ihre Mitmenschen Ihrer Leistung beimessen.

Die vierte Konsequenz aus dem Tauschgesetz lautet, dass Geld keine Ursache, sondern eine Wirkung ist.

Ihre Arbeit oder Ihr Beitrag zum Wert eines Produkts oder einer Dienstleistung ist die Ursache, und Ihr Lohn, Gehalt oder Verdienst ist die Wirkung. Wenn Sie die Wirkung erhöhen möchten, müssen Sie die Ursache erhöhen. Und ob Ihnen das gelingt oder nicht, haben Sie weitgehend selbst unter Kontrolle.

Die fünfte Konsequenz aus dem Tauschgesetz lautet, dass Sie den Wert Ihrer Arbeit erhöhen müssen, um mehr Geld dafür zu bekommen.

Um mehr Geld zu verdienen, müssen Sie also einen größeren Wert schaffen. Sie müssen Ihr Wissen oder Ihre Fähigkeiten erweitern, Ihre Arbeitsgewohnheiten verbessern, länger und fleißiger arbeiten, bei Ihrer Arbeit kreativer vorgehen oder irgendetwas anderes tun, um mit Ihren Bemühungen eine größere Hebelwirkung und bessere Ergebnisse zu erzielen. Und manchmal müssen Sie das vielleicht sogar alles gleichzeitig tun. Die bestbezahlten Menschen in unserer Gesellschaft sind diejenigen, die sich in einem oder mehreren der oben genannten Aspekte ständig verbessern, um den Wert ihrer Arbeit zu steigern.

ÜBUNG

Erstellen Sie mithilfe der 20-Antworten-Methode eine Liste von mindestens 20 Dingen, die Sie tun könnten, um Ihren Wert für die Person oder die Personen zu erhöhen, die darüber entscheiden, wie viel Sie verdienen.

Danach setzen Sie sich mit Ihrem Chef zusammen und gehen Ihre Liste gemeinsam mit ihm durch. Bitten Sie den Chef, drei Dinge aus Ihrer Liste auszuwählen, die Sie anders machen oder von denen Sie mehr tun könnten, um Ihren Wert zu steigern. Diese einfache Übung könnte die Richtung, in die Ihre Karriere sich bewegt, von Grund auf verändern.

Kapitel 18

Das Gesetz des Kapitals

Das Gesetz des Kapitals besagt, dass Ihr wertvollster Vermögenswert im Hinblick auf Ihren Cashflow Ihr körperliches und geistiges Kapital ist – also Ihre *Erwerbsfähigkeit*. Diese Fähigkeit ist normalerweise das Einzige, was Sie anfangs in Ihre Karriere investieren müssen.

Wenn Sie nicht bereits wohlhabend sind, ist Ihnen vielleicht nicht einmal bewusst, dass Ihre *Arbeitsfähigkeit* das wertvollste Kapital ist, das Sie besitzen. Wenn Sie Ihre Verdienstmöglichkeiten voll ausschöpfen, können Sie jedes Jahr oder jeden Monat Tausende von Dollar einnehmen. Wenn Sie Ihre Erwerbsfähigkeit für die Produktion wertvoller Waren und Dienstleistungen einsetzen, können Sie genügend Geld verdienen und sich alles leisten, was Sie sich vom Leben wünschen. Der Geldbetrag, der Ihnen heute ausbezahlt wird, ist ein direktes Maß dafür, wie weit Sie Ihre Verdienstmöglichkeiten bisher entwickelt haben.

Die erste Konsequenz aus dem Gesetz des Kapitals lautet: Ihre wertvollste Ressource ist Ihre *Zeit*.

Ihre Zeit ist im Grunde genommen das Einzige, was Sie zu verkaufen haben. Ihre Verdienstmöglichkeiten hängen weitgehend davon ab, wie viel Zeit Sie in Ihre Arbeit investieren und wie viel von sich selbst Sie in diese Arbeitszeit hineinstecken. Schlechtes Zeitmanagement ist einer der Hauptgründe für mangelnde Produktivität und unzureichende Leistungen in sämtlichen Branchen der USA. Es ist das größte Problem sowohl für Manager als auch für Angestellte in allen Berufsfeldern.

Die zweite Konsequenz aus dem Gesetz des Kapitals lautet, dass man Zeit und Geld entweder *ausgeben* oder *investieren* kann.

Bis zu einem gewissen Grad sind Ihre Zeit und Ihr Geld austauschbar. Wenn Sie sie ausgeben, sind sie für immer weg. Sie können sie nicht zurückbekommen. Sie werden zu *versunkenen Kosten* in Ihrem Leben.

Andererseits können Sie Ihre Zeit und Ihr Geld aber auch investieren. Dann erhalten Sie eine Rendite, die Ihnen kontinuierlich zufließt. Wenn Sie Ihre Zeit investieren, um mehr Wissen und bessere Fachkompetenzen zu erwerben, können Sie Ihren Wert steigern. Indem Sie Ihre Fähigkeit verbessern, für sich und andere Menschen wertvolle Resultate zu erzielen, erhöhen Sie Ihre Verdienstmöglichkeiten und Ihren persönlichen Cashflow, und zwar manchmal für die gesamte Dauer Ihrer Karriere.

Befolgen Sie die Drei-Prozent-Regel

Eine der klügsten Entscheidungen, die Sie treffen können, besteht darin, jeden Monat mindestens drei Prozent Ihres Einkommens in Ihre persönliche und berufliche Entwicklung zu investieren, um sich in den wichtigsten Aufgaben, die Sie in Ihrem Unternehmen oder an Ihrem Arbeitsplatz erfüllen, zu verbessern. Noch besser wäre es, wenn Sie sogar fünf oder zehn Prozent Ihres Einkommens in sich selbst investieren würden. Denn da das erhöhte Qualifikationsniveau, das Sie dadurch erreichen, ein Kraftmultiplikator in Ihrem Leben ist, werden Sie das Fünf-, Zehn- oder sogar Zwanzigfache dessen zurückbekommen, was Sie in die Verbesserung Ihrer Fähigkeiten investieren.

Es gibt nichts Besseres, als Zeit und Geld in Ihre Fähigkeiten zu reinvestieren, um auf diese Weise noch mehr zu verdienen als bisher. Alle wohlhabenden, erfolgreichen Menschen haben das früher oder später gelernt, und alle armen, unglücklichen Menschen sind immer noch dabei, es herauszufinden.

Die dritte Konsequenz aus dem Gesetz des Kapitals besagt, dass eine der besten Investitionen für Ihre Zeit und Ihr Geld darin besteht, Ihre Verdienstmöglichkeiten zu *erhöhen*.

Der Zweck jeder strategischen *Unternehmensplanung* besteht darin, den Return on Equity (ROE) zu erhöhen. Damit ist die Geldsumme gemeint, die das Unternehmen im Verhältnis zu seinen Investitionen verdient. Vom ROE – oder besser dem ROI (Return on Investment) – hängen die Aktienkurse und weitgehend auch die Zukunft des Unternehmens ab.

Bei der strategischen Planung geht es darum, die Unternehmensaktivitäten so zu organisieren bzw. umzuorganisieren, dass das Unternehmen eine höhere Rendite aus dem investierten Kapital erwirtschaftet als vorher.

Im Arbeitsleben sind Ihr persönlicher ROE und ROI Ihr geistiges und emotionales Kapital, also gewissermaßen Ihr Return on Life (ROL). Ihre Aufgabe besteht darin, die größtmögliche Rendite aus Ihrem persönlichen Humankapital herauszuschlagen und Ihre *Energierendite* – also das, was Sie für denjenigen Teil Ihres Lebens, den Sie in Ihre Arbeit investieren, zurückbekommen – zu erhöhen.

Versuchen Sie herauszufinden, welche der Dinge, die Sie bei Ihrer Arbeit tun, Ihnen den größten Nutzen für die investierte Zeit bringen. Planen Sie für die Aktivitäten, die den größten Beitrag zu den wichtigsten Resultaten Ihrer Arbeit leisten, mehr Zeit ein. Suchen Sie ständig nach Möglichkeiten, Ihre Energierendite zu steigern.

ÜBUNG

Schauen Sie sich Ihre Ergebnisse aus der Übung „Zeitgesetz der Drei" in Kapitel 15 noch einmal an. Konzentrieren Sie sich auf die drei Aufgaben, die 90 Prozent des Wertes ausmachen, den Sie zu Ihrem Unternehmen beitragen. Egal, wie viel Zeit Sie für Aufgaben mit geringem Wert investieren: Diese Aktivitäten tragen nicht dazu bei, Sie zu einem wertvolleren Mitarbeiter zu machen. Und was noch schlimmer ist: Jede Minute, die Sie mit wertlosen Aufgaben oder Arbeiten von geringem Wert verschwenden, lenkt Sie von der einen Aufgabe ab, die Sie wertvoller machen und Ihre Lebensqualität verbessern kann.

KAPITEL 19

Das Gesetz des Zeithorizonts

Dem Gesetz des Zeithorizonts zufolge sind die erfolgreichsten Menschen in jeder Gesellschaft diejenigen, die bei ihren täglichen Entscheidungen den längsten Zeitraum im Blick haben.

Je höher jemand innerhalb einer Gesellschaft aufsteigt, umso länger ist der Zeithorizont dieser Person. Menschen, die bis zu den höchsten sozialen und wirtschaftlichen Positionen vorgedrungen sind, treffen Entscheidungen und bringen Opfer, die sich vielleicht erst in vielen Jahren – oder womöglich nicht einmal mehr zu ihren Lebzeiten – auszahlen werden. Sie pflanzen Bäume, unter denen sie nie sitzen werden.

Menschen mit einer so langfristigen Perspektive sind bereit, den Preis für den Erfolg lange Zeit bevor sie ihn erreichen zu zahlen. Sie denken darüber nach, welche Konsequenzen ihre finanziellen Entscheidungen in fünf, zehn, fünfzehn oder vielleicht sogar erst zwanzig Jahren haben könnten.

Menschen, die sich auf den untersten Einkommens- und Vermögensniveaus bewegen, haben die kurzfristigste

Perspektive: Sie legen es in erster Linie auf sofortige Belohnungen an und zeigen oft einen Umgang mit Finanzen, der sie auf lange Sicht mit ziemlicher Sicherheit hinein in Schulden, Armut und finanzielle Probleme führen wird.

Denken Sie an die Konsequenzen

Ihr sozialer und finanzieller Aufstieg beginnt an dem Tag, an dem Sie beginnen, über die möglichen langfristigen Folgen Ihres Handelns nachzudenken. Sobald Sie anfangen, längerfristig zu denken, und in Ihrem finanziellen Leben und bei den Prioritäten, die Sie setzen, Ihre zukünftigen Ziele und Ambitionen im Blick behalten, verbessert sich die Qualität Ihrer Entscheidungen und Ihr Leben wird fast schlagartig besser. Deshalb ist es so wichtig, langfristige Ziele zu verfolgen.

Die erste Konsequenz aus dem Gesetz des Zeithorizonts lautet, dass das Streben nach *verzögerter Belohnung* Ihrer Bemühungen der Schlüssel zu finanziellem Erfolg ist.

Ihre Fähigkeit, sich in Selbstbeherrschung, Selbstkontrolle und Selbstverleugnung zu üben, indem Sie kurzfristig Opfer bringen, um langfristig in den Genuss größerer Belohnungen zu kommen, ist der beste Ausgangspunkt für die Entwicklung einer langfristigen Perspektive. Diese Einstellung ist eine wichtige Voraussetzung für finanziellen Erfolg jeglicher Art.

Die zweite Konsequenz aus diesem Gesetz lautet, dass *Selbstdisziplin* die wichtigste persönliche Eigenschaft ist, die man braucht, um langfristig garantiert Erfolg zu haben.

Der Schriftsteller Elbert Hubbard hat Selbstdisziplin bereits vor vielen Jahren als die Fähigkeit definiert, „sich selbst dazu zu bringen, das zu tun, was man tun sollte, und zwar genau dann, wann man es tun sollte – egal ob man Lust dazu hat oder nicht".

Etwas zu tun, wozu man Lust hat, ist nicht schwierig. Aber wenn Sie keine Lust zu etwas haben und sich trotzdem dazu zwingen, entwickeln Sie die Charakterstärke, die Sie zum Erfolg führen wird.

Die Selbstdisziplin, die man braucht, um den Preis für seinen Erfolg im Voraus zu zahlen, und zwar so lange, bis man die gesteckten Ziele erreicht hat, ist die Eigenschaft, die einen Sieger auszeichnet.

Die dritte Konsequenz aus dem Gesetz des Zeithorizonts lautet, dass kurzfristige Opfer der Preis sind, den man für langfristige materielle Sicherheit zahlen muss.

Dabei kommt es vor allem auf den Schlüsselbegriff *Opfer* an. Wenn Sie der Versuchung widerstehen, Dinge zu tun, die einfach sind und Spaß machen, und stattdessen die nötige Selbstdisziplin aufbringen, um schwierige und notwendige Dinge in Angriff zu nehmen, entwickeln Sie genau den Charakter, der Ihnen in Zukunft mit ziemlicher Sicherheit ein besseres Leben garantiert. Oder wie Napoleon Hill einmal geschrieben hat: „Ausdauer ist für den Charakter des Menschen genau das Gleiche wie Kohlenstoff für Stahl." Ausdauer ist Selbstdisziplin in Aktion.

Ihr Fernseher kann Sie zum Beispiel entweder reich oder arm machen. Wenn Sie die nötige Selbstdisziplin besitzen, um beim Anschauen des Fernsehprogramms eine kluge Auswahl zu treffen, kann die Zeit, die Sie dafür investieren, Sie reich machen. Wenn Sie dagegen (wie die meisten Menschen) jeden Abend fünf bis sechs Stunden fernsehen, macht Sie das arm. Lassen Sie es sein.

Wenn Sie Ihre Zeit und Ihr Geld kontinuierlich in Ihre eigene Verbesserung investieren, statt sie mit unproduktiver

Geselligkeit oder Fernsehen zu vertrödeln, tun Sie genau das Richtige. Das ist fast schon eine hundertprozentige Garantie für eine erfolgreiche Zukunft.

ÜBUNG

Überlegen Sie, mit welcher Tätigkeit Sie ab heute aufhören möchten, um mehr Zeit für etwas anderes zu haben, wodurch Ihr Leben sich im positiven Sinn verändern kann. Ersetzen Sie diese nutzlose Lebensgewohnheit durch eine Tätigkeit, die Ihnen wirklich etwas bringt – dadurch kann sich Ihr Leben tatsächlich verbessern, wenn Sie jetzt gleich damit anfangen und Ihre Sache gut machen.

Kapitel 20

Das Gesetz des Sparens

Dieses Gesetz besagt, dass nur derjenige finanzielle Unabhängigkeit erlangt, der während seines ganzen Lebens mindestens zehn Prozent seines Einkommens spart.

Selfmade-Milliardär W. Clement Stone hat einmal gesagt: „Wenn Sie kein Geld sparen können, dann liegt der Same des Erfolgs nicht in Ihnen."

Also gewöhnen Sie sich an, jeden Monat einen Teil Ihres Gehalts zu sparen; das ist eine der klügsten Entscheidungen, die Sie treffen können. Einzelpersonen, Familien, ja sogar ganze Gesellschaften sind in dem Maße stabil und wohlhabend, in dem sie eine hohe Sparquote haben. Ihre Ersparnisse von heute sind Ihr Garant für die finanzielle Sicherheit und die Möglichkeiten von morgen.

Heutzutage wird viel über die positiven oder negativen Seiten des Kapitalismus diskutiert. In seiner einfachsten Definition ist Kapitalismus nichts anderes als die *Gewohnheit des Sparens*. Ein Mensch, der spart, ja sogar ein Kind, das sein Geld auf eine Bank bringt, wird zum *Kapitalisten*. Wenn Sie nicht alles ausgeben, was Sie verdienen, sondern stattdessen nach Möglichkeiten suchen, Ihr Geld zu investieren, um in

Zukunft mehr zu verdienen, werden Sie dadurch zum Kapitalisten – zu einem Menschen mit Kapital.

Profite (aus denen alles Kapital stammt) sind die Kosten für Ihre Zukunft. Wo es keine Gewinne gibt, da gibt es auch keine Zukunft. Wenn Sie Ihr Geld sparen und reinvestieren, um künftig mehr Geld zu verdienen, dann werden Sie zu einem der Kapitalisten, von denen unsere wirtschaftliche Zukunft abhängt.

Bezahlen Sie zuerst sich selbst

Die erste Konsequenz aus dem Gesetz des Sparens stammt aus dem Buchklassiker *Der reichste Mann von Babylon* [Originaltitel: *The Richest Man in Babylon*] von George S. Clason, der im Jahr 1926 erschienen ist, und lautet: *Bezahlen Sie zuerst sich selbst.*

Sparen Sie von heute an zehn Prozent Ihres Einkommens und rühren Sie dieses Geld nicht mehr an. Das ist der Fonds, der Ihrer langfristigen Geldakkumulation dient, und Sie verwenden ihn zu keinem anderen Zweck als zur Sicherung Ihrer finanziellen Zukunft.

Das Bemerkenswerte daran ist, dass Ihnen das *Sparen bald zur Gewohnheit* werden wird, wenn Sie immer zuerst sich selbst bezahlen und genügend Selbstdisziplin besitzen, um von den restlichen 90 Prozent zu leben. Sie werden sich daran gewöhnen, mit diesen 90 Prozent auszukommen, und es wird Ihnen nichts ausmachen. Wenn Sie es zurzeit noch nicht schaffen, zehn Prozent zu sparen, dann beginnen Sie mit fünf Prozent. Aber fangen Sie auf jeden Fall an!

Viele Menschen sparen zunächst zehn Prozent ihres Einkommens und gehen irgendwann dazu über, 15 Prozent, 20 Prozent oder noch mehr auf die Seite zu legen – und dadurch verändert sich ihr finanzielles Leben drastisch. Das können Sie auch!

Der Motivationstrainer Earl Nightingale soll einmal gesagt haben: „Wenn Ihre Chance kommt und Sie nicht darauf vorbereitet sind, dann stehen Sie einfach nur dumm da."

Die zweite Konsequenz aus dem Gesetz des Sparens lautet, dass Sie die Vorteile steuerlich begünstigter Spar- und Investitionspläne nutzen sollten.

Aufgrund der hohen Steuersätze akkumuliert Geld, das man spart oder investiert, ohne Steuern dafür zahlen zu müssen, um 30 bis 40 Prozent schneller als Geld, das der Besteuerung unterliegt.

Also investieren Sie in betriebliche Renten- und Ruhestandspläne, 401(k)-Pläne*, Aktienoptionsprogramme und andere Anlagemöglichkeiten, die sich für eine steuerfreie langfristige Geldakkumulation eignen.

Während Ihre finanziellen Reserven immer mehr anwachsen, suchen Sie sich einen ausgezeichneten Finanzberater, der Ihnen dabei hilft, intelligente finanzielle Entscheidungen zu treffen.

Beginnen Sie gleich heute damit, zehn Prozent Ihres Einkommens auf die hohe Kante zu legen. Richten Sie zu diesem Zweck ein separates Konto ein und halten Sie sich mit dem gleichen Respekt an diese Zehn-Prozent-Regel, wie Sie Ihre monatlichen Miet- oder Hypothekenzahlungen leisten. Diese zehn Prozent sind keine Option, sondern eine absolute Notwendigkeit!

Wenn Sie Schulden haben und zehn Prozent daher vorläufig noch zu viel für Sie sind, dann sparen Sie zunächst nur ein Prozent Ihres Einkommens und leben Sie von den restlichen

---

* US-Altersvorsorgemodelle, die steuerlich begünstigt werden

99 Prozent. Sobald Sie das mühelos schaffen, erhöhen Sie Ihre Sparquote auf zwei Prozent. Wetten, dass Sie innerhalb eines Jahres ganz neue finanzielle Gewohnheiten entwickeln werden? Sie werden Ihre Sparquote auf zehn, 15 oder sogar 20 Prozent Ihres Einkommens steigern können, ohne das als Stress oder Entbehrung zu empfinden.

ÜBUNG

Gehen Sie gleich heute zu Ihrer Bank und eröffnen Sie ein Konto für Ihre finanzielle Unabhängigkeit. Suchen Sie von diesem Tag an nach jeder Gelegenheit, dieses Konto aufzustocken, und geben Sie dieses Geld nur für sorgfältig ausgewählte Investitionen aus. Sobald der Kontostand steigt, werden Sie automatisch anfangen, mehr Geld in Ihr Leben hineinzuziehen.

Kapitel 21

Das Gesetz des Zurücklegens

Dieses Gesetz besagt, dass Ihre finanzielle Zukunft nicht davon abhängt, wie viel Sie verdienen, sondern wie viel Sie davon behalten.

Viele Menschen verdienen im Lauf ihres Arbeitslebens eine Menge Geld. Manchmal – in Zeiten hoher Konjunktur – übertreffen sie ihre eigenen Erwartungen vielleicht sogar und verdienen mehr Geld, als sie je für möglich gehalten hätten.

Der wahre Maßstab dafür, wie gut es Ihnen geht, ist jedoch die Frage, wie viel Sie von dem verdienten Geld zurücklegen. Erfolgreiche Menschen legen regelmäßig Geld auf die hohe Kante und zahlen in guten Zeiten Schulden ab, damit sie über Reserven verfügen, wenn es mit der Wirtschaft oder ihrem Geschäft einmal bergab geht.

Berechnen Sie nun Ihr wahres Nettovermögen zum heutigen Zeitpunkt. Erstellen Sie zunächst eine Liste all Ihrer Vermögenswerte und schreiben Sie die Beträge daneben, zu denen Sie diese Werte tatsächlich verkaufen könnten, wenn Sie sie schnell zu Geld machen müssten. Aber lügen Sie sich nicht in die eigene Tasche. Seien Sie bei der Bewertung Ihrer Besitztümer ehrlich zu sich selbst!

Als Nächstes zählen Sie alle Ihre Rechnungen, Kreditkartensalden und Hypotheken zusammen und ziehen diese von Ihrem Vermögen ab, um Ihr heutiges Nettovermögen zu ermitteln. Stellen Sie sich vor, Sie ziehen in ein fremdes Land: Das ist das Vermögen, dass Sie mitnehmen können!

Und nun teilen Sie die Anzahl der Jahre, die Sie bisher gearbeitet haben, durch Ihr Nettovermögen. Das Ergebnis ist der Nettobetrag, den Sie nach Abzug Ihrer Lebenshaltungskosten tatsächlich jedes Jahr verdient haben. Sind Sie damit zufrieden? Wenn nicht, dann fangen Sie noch heute an, etwas daran zu verändern.

ÜBUNG

Den Betrag, der Ihnen nach jedem Arbeitsjahr verbleibt, bezeichnet man als Return on Life (ROL). Das ist Ihr Nettogewinn pro Arbeitsjahr. Wie hoch ist Ihr ROL? Wie hoch sollte er Ihrer Meinung nach in Zukunft sein? Welche Maßnahme werden Sie sofort ergreifen, um dieses Ziel zu erreichen?

KAPITEL 22

Das Parkinsonsche Gesetz

Diesem Gesetz zufolge dehnt Arbeit sich stets so aus, dass sie die für ihre Erledigung zur Verfügung stehende Zeit ausfüllt. Das Parkinsonsche Gesetz ist eines der bekanntesten und wichtigsten Gesetze zum Thema Wachstum und Verschwendung in Politik und Privatleben. Es wurde vor vielen Jahren von dem englischen Schriftsteller und Beamten C. Northcote Parkinson entwickelt und erklärt, warum die meisten Regierungsaktivitäten enorm kostspielig und zeitaufwendig sind.

Im Lauf der Zeit wurde das Parkinsonsche Gesetz auf viele gesellschaftliche Bereiche angewendet, vor allem auf das Thema Finanzen. Die einfachste Schlussfolgerung daraus lautet, dass *unsere Ausgaben stets unserem Einkommen entsprechend steigen.*

Dieses Gesetz besagt übrigens auch, dass Menschen, egal wie viel Geld sie verdienen, dazu neigen, den gesamten Betrag (und sogar noch ein bisschen mehr) wieder auszugeben. Ihre Ausgaben steigen im gleichen Maß wie ihr Einkommen. Viele Menschen verdienen heute ein Vielfaches von dem, was sie in ihrem ersten Job verdient haben. Aber irgendwie scheinen sie trotzdem jeden Cent davon zu brauchen, um ihren derzeitigen Lebensstil aufrechtzuerhalten. Egal, wie viel sie verdienen, es scheint niemals genug zu sein.

Die erste Konsequenz aus dem Parkinsonschen Gesetz lautet, dass finanzielle Unabhängigkeit nur dann möglich ist, wenn man *gegen dieses Gesetz verstößt.*

Nur wenn Sie genügend Willenskraft entwickeln und dem starken Drang widerstehen, alles auszugeben, was Sie verdienen, können Sie anfangen, Geld anzusammeln und der großen Masse der Menschen ein paar Schritte voraus zu sein.

Aber es gibt auch noch eine zweite Konsequenz aus dem Parkinsonschen Gesetz: Wenn Sie dafür sorgen, dass Ihre Ausgaben langsamer steigen als Ihre Einnahmen, und die Differenz sparen oder investieren, werden Sie im Lauf Ihres Arbeitslebens finanziell unabhängig.

Das ist der Schlüssel zum Erfolg: Wenn es Ihnen gelingt, einen *Keil* zwischen Ihre steigenden Einnahmen und Ihre steigenden Lebensstilkosten zu treiben und den Differenzbetrag zu sparen und zu investieren, können Sie Ihren Lebensstil kontinuierlich verbessern, wenn Sie mehr Geld verdienen. Wenn Sie bewusst gegen das Parkinsonsche Gesetz verstoßen, werden Sie also früher oder später finanziell unabhängig sein – und wenn Sie das nicht tun, werden Sie die ersehnte finanzielle Unabhängigkeit niemals erreichen.

Also nehmen Sie sich vor, von jetzt an 50 Prozent jeder Erhöhung Ihrer Einkommensquellen zu sparen und zu investieren. Damit bleiben Ihnen immer noch die restlichen 50 Prozent Ihres finanziellen Zuwachses, mit denen Sie machen können, was Sie wollen.

ÜBUNG

Berechnen Sie heute Ihr genaues derzeitiges Einkommen. Von nun an werden Sie jedes Mal, wenn Sie einen Einkommenszuwachs von sagen wir 100 Dollar zu verzeichnen haben, 50 Dollar davon auf Ihr Konto für finanzielle Unabhängigkeit einzahlen. Den Restbetrag können Sie nach Belieben für die Verbesserung Ihres Lebensstils ausgeben. Nehmen Sie sich für den Rest Ihres Erwerbslebens vor, mindestens 50 Prozent jedes Einkommenszuwachses zu sparen (und dieses Geld niemals auszugeben).

KAPITEL 23

Das Finanzgesetz der Drei

Der Schemel Ihrer finanziellen Unabhängigkeit hat drei Beine: Ersparnisse, Versicherungen und Investitionen.

Eine Ihrer wichtigsten Pflichten sich selbst und den Menschen gegenüber, die von Ihnen abhängig sind, besteht darin, sich im Lauf der Zeit mit einer finanziellen Festung zu umgeben – also ein Vermögen zu schaffen, das Sie vor den finanziellen Unsicherheiten schützt, die kaum jemandem erspart bleiben.

Um dieses Ziel zu erreichen, müssen Sie Ihre Finanzen im richtigen Prozentsatz auf drei verschiedene Bereiche verteilen: Ersparnisse, Versicherungen und Investitionen.

Die erste Konsequenz aus diesem Finanzgesetz lautet, dass Sie über liquide Ersparnisse in Höhe Ihrer normalen Ausgaben für die nächsten zwei bis sechs Monate verfügen sollten, um hundertprozentig vor unerwarteten Missgeschicken geschützt zu sein.

Ihr erstes finanzielles Ziel besteht also darin, so viel anzusparen, dass Sie bei einem Ausfall Ihrer Haupteinkommensquelle für bis zu sechs Monate genügend Geld auf der hohen Kante haben, um über die Runden zu kommen. Schon allein die Tatsache, dass Sie diesen Betrag ansparen und ihn auf ein hochverzinsliches Spar- oder Geldmarktkonto einzahlen, wird Ihnen ein enormes Gefühl der Zuversicht und inneren Ruhe geben. Die Gewissheit, dass Sie dieses Geld auf die Seite gelegt haben, macht Sie zu einem sehr viel positiver denkenden und effektiver handelnden Menschen, als wenn Sie sich um Ihr nächstes Gehalt und Ihre nächste Tüte Lebensmittel Sorgen machen müssten.

Vorausbezahlte Ausgaben

Die zweite Konsequenz aus dem Finanzgesetz der Drei lautet, dass Sie sich adäquat versichern müssen, um für Notfälle vorzusorgen, für die Ihr Kontostand nicht ausreicht.

Schließen Sie ausreichende Versicherungen ab, um sich gegen Notfälle abzusichern, die Sie nicht selber abdecken können. Sorgen Sie für eine adäquate Kranken(zusatz)versicherung, damit Sie und Ihre Angehörigen in medizinischen Notfällen gut versorgt sind. Schließen Sie eine Haftpflicht- und Kaskoversicherung für Ihr Auto und auch eine Lebensversicherung ab, damit die Menschen, die finanziell von Ihnen abhängen, gut versorgt sind, falls Ihnen ein Unglück zustoßen sollte.

Das wohl tiefste menschliche Bedürfnis oder Verlangen ist der Wunsch nach *Sicherheit*, und ohne adäquate Versicherungen gehen Sie Risiken ein, die Sie sich einfach nicht leisten können.

Viele Menschen halten Versicherungen für eine Art *Glücksspiel*, so ähnlich wie in einem Kasino. Wenn ihnen etwas zustößt und sie daraufhin die Versicherung in Anspruch nehmen, haben sie gewonnen. Wenn jedoch kein unerwartetes Problem auftritt, dann ist das Geld, das sie für die Versicherung „verspielt" haben, in ihren Augen verloren.

Beides ist falsch. Versicherungen sind schlicht und einfach *vorausbezahlte Ausgaben.* Vielleicht müssen Sie lange Zeit in Ihre Versicherung einzahlen, ohne etwas dafür zu bekommen. Aber wenn Sie die Versicherung irgendwann doch einmal in Anspruch nehmen müssen, kann sie Ihr Leben aus finanzieller Sicht retten. Bei einer Kranken-, Hausrat- oder Lebensversicherung sollte man niemals die billigste Option wählen!

Ihre Lernjahre hören nie auf

Die dritte Konsequenz aus diesem Gesetz lautet, dass Ihr wichtigstes finanzielles Ziel darin bestehen sollte, so lange Kapital anzusammeln, bis die Erträge Ihrer Geldanlagen Ihnen mehr einbringen, als Sie in Ihrem Job verdienen können.

Ihr Leben lässt sich grob in drei verschiedene Phasen unterteilen, die sich allerdings oft überschneiden. Zuerst kommen die *Lernjahre,* in denen Sie aufwachsen und Ihre Ausbildung absolvieren. Dann folgen die *Verdienstjahre,* die ungefähr die Zeit vom 20. bis 65. Lebensjahr umfassen. Und zuletzt kommen die *Jahre der erfüllten Sehnsüchte,* in denen Sie sich zur Ruhe setzen können. Unsere durchschnittliche Lebenserwartung liegt mittlerweile immerhin schon bei fast 80 Jahren und steigt immer weiter an.

Doch in unserer heutigen schnelllebigen technologischen Gesellschaft veralten Wissen und Fachkompetenzen rascher als je zuvor. Das bedeutet, dass Sie, wenn Sie überleben und kontinuierlich an Wert gewinnen möchten, eigentlich niemals aus den Lernjahren herauskommen. Das Leben ist ein Wettrennen, und die Konkurrenz ist groß. Sobald man sein Tempo ein bisschen verlangsamt, wird man schnell von anderen, ehrgeizigeren Menschen überholt. Und wenn man einmal in Rückstand geraten ist, lässt sich das womöglich nie wieder aufholen.

Die einfachste und effektivste aller Finanzstrategien besteht darin, während Ihres gesamten Arbeitslebens kontinuierlich Geld anzusparen und zu investieren, bis Ihre Investitionen Ihnen mehr einbringen, als Sie in Ihrem Beruf verdienen. Sobald Sie so weit sind, können Sie Ihre reguläre berufliche Tätigkeit allmählich aufgeben und sich nur noch mit der Verwaltung Ihres Geldes beschäftigen.

Das hört sich nach einer sehr einfachen Lebensplanungsstrategie an, doch erstaunlicherweise halten sich nur wenige Menschen daran, sodass viele im Alter von 65 Jahren kaum Geld auf der hohen Kante haben.

Heutzutage gilt die Vier-Prozent-Regel: Die Ersparnisse, die Sie haben, wenn Sie in den Ruhestand gehen, sollten so hoch sein, dass Sie von vier Prozent dieses Geldes gut leben können.

ÜBUNG

Eröffnen Sie gleich heute ein Anlagenkonto und nehmen Sie sich fest vor, so viel Geld darauf anzusparen, dass Sie nach Ihrem Eintritt in den Ruhestand 20 Jahre lang bequem davon leben können. Rechnen Sie sich genau aus, wie viel Geld Sie brauchen, um bequem in Rente gehen zu können, stellen Sie einen schriftlichen Plan dazu auf – und dann fangen Sie an zu sparen!

Kapitel 24

Die Gesetze des Investierens und des Zinseszins

Das Gesetz des Investierens lautet: Vor dem Investieren kommt die Recherche. Das ist eines der wichtigsten Gesetze des Geldes: Sie sollten mindestens genauso viel Zeit mit Recherchen zu einer bestimmten Geldanlage verbringen, wie Sie brauchen, um das Geld zu verdienen, das Sie in diese Anlage investieren möchten. Überstürzen Sie nichts.

Lassen Sie sich niemals zu einer finanziellen Entscheidung drängen. Es hat Sie viel zu viel harte Arbeit gekostet, dieses Geld zu verdienen, und Sie haben viel zu lange gebraucht, um es anzusparen. Also informieren Sie sich lieber ganz genau über sämtliche Aspekte einer Geldanlage, bevor Sie sich darauf einlassen. Verlangen Sie eine vollständige und lückenlose Offenlegung aller Details. Bestehen Sie darauf, zu jeder Art von Investition ehrliche, genaue und ausreichende Informationen zu erhalten.

Falls Sie irgendwelche Zweifel oder Bedenken haben, ist es wahrscheinlich besser, Ihr Geld bei der Bank oder auf einem Geldmarktkonto zu lassen, als zu spekulieren oder das Risiko eines Verlusts einzugehen.

Recherchieren Sie so genau wie möglich

Diese gründliche Recherche wird im Finanzjargon oft als *Due Diligence* bezeichnet. Mein persönliches Versäumnis, vor einer Investition die nötige Due-Diligence-Prüfung durchzuführen, war der größte Fehler, den ich je gemacht habe. Im Rahmen dieser gründlichen Recherche sollten Sie (und zusätzlich auch noch eine zweite Person) sämtliche Behauptungen, die über die geplante Investition aufgestellt werden, peinlich genau überprüfen.

Suchen Sie bei jeder Investition nach dem *verhängnisvollen Fehler*, der Ihnen das Genick brechen könnte. Gehen Sie von vornherein davon aus, dass wichtige Aussagen über wichtige Fakten falsch oder teilweise falsch sein könnten. Diese Unwahrheiten können vorsätzlich oder versehentlich in die Informationen, die Sie vom Anbieter erhalten, eingeflossen sein – das spielt keine Rolle. Überprüfen Sie alles ganz genau. Akzeptieren Sie niemals irgendetwas ohne hieb- und stichfeste Beweise.

Eine der effektivsten Denkstrategien in Wirtschaft und Wissenschaft besteht darin, stets von einer *negativen Hypothese* auszugehen. Bei einer Geschäftschance könnte die *positive Hypothese* beispielsweise lauten: „Das ist ein gutes Geschäft oder eine gute Investition.“ Durchschnittsmenschen suchen dann nach allen möglichen Beweisen für diese Aussage. Aber das sollten Sie nicht tun. Gehen Sie stattdessen lieber vom entgegengesetzten Standpunkt (also von einer negativen Hypothese) aus: Suchen Sie nach Beweisen dafür, dass die positive Hypothese falsch ist – „dass das keine gute Investition ist“.

In diesem Zusammenhang wollen wir noch einmal auf das Gesetz der Schwerkraft zurückkommen. Die positive

Hypothese dazu lautet, dass „Gegenstände immer nach unten fallen". Die negative Hypothese würde lauten, dass „Gegenstände immer nach oben fallen". Wenn Sie die negative Hypothese nicht beweisen können, dann steht fest, dass die positive Hypothese stimmt. Das ist die Basis jeder wissenschaftlichen Methodik. Allerdings entstehen viele wissenschaftliche Auseinandersetzungen heutzutage dadurch, dass Experten sich in eine positive Hypothese verlieben und sich dann hingebungsvoll der Aufgabe widmen, die Richtigkeit dieser Hypothese nachzuweisen, wobei sie sämtliche Beweise ignorieren, die dem widersprechen, was sie zu glauben beschlossen haben.

Verlieren Sie kein Geld

In der Finanzpresse liest man jede Woche Berichte über Unternehmen, die irgendeine größere Investition planen. Und fast immer steht dort so etwas Ähnliches wie: „Die Due Diligence vor Abschluss der Transaktion wird voraussichtlich mindestens sechs Monate dauern." Das liegt daran, dass die meisten Finanzexperten mit ihrem Geld (und dem Geld anderer Leute) sehr vorsichtig umgehen.

Die erste Konsequenz aus dem Gesetz des Investierens lautet: Nichts am Geld ist *leicht* – außer es zu verlieren. Nur wenn Sie Ihre negative Hypothese nicht beweisen können, sollten Sie davon ausgehen, dass die positive Hypothese stimmt.

Es ist sehr schwierig, in einem umkämpften Markt Geld zu verdienen; doch es zu verlieren, ist eine der leichtesten Übungen, die es gibt. Ein japanisches Sprichwort besagt: „Geld zu verdienen ist so, wie wenn man versucht, mit einem Nagel ein Loch zu graben. Geld zu verlieren ist so, wie Wasser in den Sand zu schütten."

Daher lautet die zweite Konsequenz aus dem Gesetz des Investierens: *Verlieren Sie kein Geld.*

Mein Freund Phil Town, ein professioneller Anlageberater, hat zu diesem Thema ein Buch mit dem Titel *Regel Nummer 1: Einfach erfolgreich anlegen!* [Originaltitel: *Rule #1: The Simple Strategy for Successful Investing in Only 15 Minutes a Week!*] veröffentlicht. Darin schreibt er: Wenn bei einer bestimmten Investition die Möglichkeit besteht, Ihr Geld zu verlieren, sollten Sie diese Investition gar nicht erst tätigen.

Dieser Grundsatz ist so wichtig, dass Sie ihn aufschreiben und den Zettel irgendwo aufhängen sollten, wo er Ihnen jeden Tag ins Auge fällt. Lesen Sie ihn immer und immer wieder. *Verlieren Sie kein Geld.* Wenn Sie nur diese einzige Spielregel beherzigen, werden Sie eines Tages reich sein.

Betrachten Sie Ihr Geld als einen Teil Ihres Lebens. Schließlich müssen Sie eine bestimmte Anzahl von Stunden, Wochen oder sogar Jahren Ihres Lebens hergeben, um eine bestimmte Menge an Geld für Ersparnisse oder Investitionen zu generieren. Diese Zeit ist unersetzlich. Sie ist ein Teil Ihres kostbaren Lebens, den Sie niemals wiederbekommen. Selbst wenn Sie in Ihrem Leben nichts anderes tun, als an Ihrem Geld festzuhalten, statt es zu verlieren, ist schon allein das eine gute Garantie für finanzielle Sicherheit. Verlieren Sie kein Geld.

Die dritte Konsequenz aus dem Gesetz des Investierens lautet, dass Sie letztendlich eine Menge verlieren werden, wenn Sie glauben, dass Sie es sich leisten können, nur ein kleines bisschen zu verlieren.

Das hat etwas mit der Einstellung desjenigen zu tun, der glaubt, genügend Geld zu haben, um sich das Risiko eines kleinen Verlusts leisten zu können. Erinnern Sie sich an das alte Sprichwort „Dem Narren rinnt das Geld zwischen den

Fingern hindurch"? Es gibt noch ein weiteres Sprichwort, das gut dazu passt: „Wenn ein Mann mit Erfahrung auf einen Mann mit Geld trifft, wird der Mann mit dem Geld am Ende die Erfahrung haben, und der Mann mit der Erfahrung wird das Geld haben."

Fragen Sie sich stets: „Was würde passieren, wenn ich 100 Prozent einer möglichen Investition verliere?" Tagtäglich verlieren Menschen 100 Prozent ihrer Geldanlagen – zum Beispiel, wenn sie ins Spielkasino gehen. Können Sie einen solchen Verlust verkraften? Wenn Sie das nicht können, sollten Sie die betreffende Investition gar nicht erst tätigen.

Die vierte Konsequenz aus dem Gesetz des Investierens lautet, dass Sie Ihr Geld nur bei Experten investieren sollten, die im Umgang mit ihren eigenen Finanzen eine gute Erfolgsbilanz vorzuweisen haben.

Also machen Sie es sich zum Ziel, nur bei Finanzdienstleistern zu investieren, die eine so überzeugende Erfolgsbilanz haben, dass Ihr Risiko sich dadurch drastisch reduziert. Investieren Sie nur in Anlagen, in die diese Personen ebenfalls investieren. *Verlieren Sie kein Geld.* Sollten Sie jemals in Versuchung geraten, leichtsinnig zu werden, so rufen Sie sich diese Regel immer wieder ins Gedächtnis zurück und nehmen Sie sich fest vor, an dem Geld festzuhalten, das Sie besitzen.

Und investieren Sie auch ausschließlich in Anlageobjekte, die Sie hundertprozentig verstehen und an die Sie fest glauben. Hören Sie nur auf Anlagetipps von Beratern, die selber erfolgreich sind, weil sie ihre eigenen Ratschläge beherzigen.

Wenn Sie in Aktien investieren möchten, sind Indexfonds die beste Geldanlage. Das sind Fonds, die einen Querschnitt aus allen im S&P-Index (Standard and Poor's) enthaltenen Aktien kaufen. Manchmal kauft ein Indexfonds auch einen

Querschnitt von Aktien einer bestimmten Branche wie beispielsweise Hightech. Die an der amerikanischen Börse gehandelten Aktien sind in den letzten 80 Jahren im Durchschnitt um 10,1 Prozent gestiegen. Indexfonds schneiden besser ab als 80 Prozent aller professionellen Vermögensverwalter.

ÜBUNG

Erstellen Sie eine Liste der finanziellen Fehler, die Sie in der Vergangenheit gemacht haben. Schreiben Sie neben jeden Fehler die wichtigste Lektion, die Sie daraus gelernt haben, und lesen Sie sich diese Liste immer wieder durch. Denn wenn Sie nicht über Ihre Fehler Buch führen, laufen Sie Gefahr, den gleichen Fehler noch einmal zu machen.

Das Zinseszins-Gesetz

Wenn Sie Ihr Geld so anlegen, dass es sich mit Zinseszins vermehrt, werden Sie früher oder später reich.

Der Zinseszins gilt als eines der großen Wunder der menschlichen Geschichte und Wirtschaft. Man hat ihn sogar als die mächtigste Kraft im Universum – als achtes Weltwunder – bezeichnet. Wenn Sie Geld über einen ausreichend langen Zeitraum mit Zinseszins akkumulieren, wächst Ihr Vermögen dadurch stärker an, als Sie es sich vorstellen können, und wird Sie eines Tages reich machen.

Selfmade-Multimilliardär Warren Buffett hat sich nach seinen eigenen Aussagen stets an zwei einfache

Erfolgsgeheimnisse gehalten: in gute Unternehmen zu investieren, die an der amerikanischen Börse notiert sind, und auf den Zinseszins zu bauen. Die Rendite seines Fonds „Berkshire Hathaway" lag im Jahr 2022 bei über 1.250.000 Prozent.

So berechnet man den Zinseszins

Mit der 72er-Regel können Sie ermitteln, wie lange es dauern wird, bis Ihr Geld sich bei einem beliebigen Zinssatz oder einer beliebigen Wachstumsrate verdoppelt: Dividieren Sie die Zahl 72 durch den Zinssatz, zu dem Sie Ihr Geld angelegt haben. Wenn Sie zum Beispiel acht Prozent Zinsen auf Ihre Investition erhalten und 72 durch acht teilen, kommen Sie auf die Zahl Neun. Das bedeutet, dass Sie bei einem Zinssatz von acht Prozent neun Jahre brauchen würden, um Ihr Geld zu verdoppeln.

Die Konsequenz aus dem Zinseszins-Gesetz lautet: Ihr Erfolgsrezept besteht darin, Geld auf die Seite zu legen und es nie wieder anzurühren.

Sobald Sie anfangen, Geld anzusammeln, und es sich zu vermehren beginnt, dürfen Sie es nie mehr anrühren oder für irgendetwas ausgeben. Denn wenn Sie das tun, geht Ihnen dadurch der Zinseszins verloren; und selbst wenn Sie heute nur einen kleinen Betrag ausgeben, büßen Sie dadurch etwas ein, was sich später aufgrund des Zinseszinseffekts zu einem enormen Betrag auswachsen könnte.

Für langfristigen finanziellen Erfolg braucht es Geduld

Als ich mein jetziges Unternehmen gründete und zu meiner Hausbank ging, um meine Konten dafür zu eröffnen, erzählte der Bankangestellte mir eine Geschichte, die ich seitdem nie wieder vergessen habe: „In der Bankbranche haben wir es hauptsächlich mit Geschäftsinhabern und Unternehmern zu tun. Wir erkennen immer ganz genau, wann ein Kunde auf dem besten Weg ist, in Schwierigkeiten zu geraten: Das ist der Tag, an dem er sich für erfolgreich genug hält, um sich ein großes Haus, ein schönes Ferienhaus oder ein großes Boot zu kaufen. Dafür verbraucht er seine gesamten Barreserven. Sobald es mit seinem Geschäft dann einmal bergab geht, ist er nicht mehr zahlungsfähig – und wenn sein Geschäft pleitegeht, verliert er alles."

Dann erzählte er mir die „Moral von der Geschicht'": „Wenn dieser Mann einfach weitergearbeitet und seine Rücklagen weiter aufgebaut hätte, dann hätte er sich zwei Jahre später alles leisten können, was er wollte." Ich habe den Rat dieses Bankberaters jahrelang befolgt und dabei die Erfahrung gemacht, dass der Mann recht hatte.

Wenn Sie früh genug mit dem Sparen anfangen, konsequent genug investieren, angelegtes Geld nie wieder abheben und sich auf das Wunder des Zinseszinseffekts verlassen, werden Sie zwangsläufig reich. Ein Durchschnittsverdiener, der von seinem 21. bis zu seinem 65. Lebensjahr jeden Monat 100 Dollar anlegt und in dieser Zeit eine jährliche Gesamtwachstumsrate von zehn Prozent erzielt, würde mit einem Nettovermögen von 1.118.000 Dollar in den Ruhestand gehen!

Fangen Sie gleich heute an

Eröffnen Sie ein Anlagekonto und nehmen Sie sich vor, für die nächsten fünf, zehn oder sogar zwanzig Jahre jeden Monat einen festen Betrag zu investieren. Wählen Sie einen

Finanzdienstleister, der eine Familie von Investmentfonds und anderen Anlageinstrumenten anbietet, und lassen Sie Ihr Geld dann einfach arbeiten – Monat für Monat und Jahr für Jahr. Holen Sie sich gute Ratschläge von Menschen, denen Sie vertrauen, und vermehren Sie Ihr Geld mithilfe des Zinseszinseffekts. Sobald Sie auf diese Weise zu einem Kapitalisten geworden sind (also zu jemandem, der sein Kapital für sich arbeiten lässt), sind Sie auf dem besten Weg, reich zu werden.

ÜBUNG

Eröffnen Sie ein Depot bei einem Wertpapierunternehmen, kaufen Sie Anteile an einem guten Investment- oder Indexfonds und legen Sie los. Legen Sie Ihr Geld auf die Seite und rühren Sie es nur an, um es weiter wachsen zu lassen. Dadurch wird sich Ihre Mentalität sehr bald verändern. Sie werden ein anderer Mensch werden, und zwar in einem sehr positiven Sinn.

Kapitel 25

Das Gesetz der Akkumulation

Nach dem Gesetz der Akkumulation ist jeder große finanzielle Erfolg eine Anhäufung Hunderter kleinerer Anstrengungen und Opfer, die kein Mensch jemals sieht oder zu schätzen weiß.

Die Erreichung finanzieller Unabhängigkeit wird eine ungeheuer große Menge kleiner Anstrengungen von Ihnen erfordern. Um den Prozess der Akkumulation in Gang zu setzen, brauchen Sie Disziplin und Ausdauer: Sie müssen lange, lange dranbleiben.

Anfangs werden Sie kaum eine Veränderung oder einen Unterschied feststellen, doch nach und nach werden Ihre Bemühungen Früchte tragen und Sie werden Ihren Mitmenschen immer weiter voraus sein. Ihre finanzielle Situation wird sich verbessern und Ihre Schulden werden sich in nichts auflösen. Ihr Kontostand wird steigen und Ihr ganzes Leben wird besser werden.

Die erste Konsequenz aus dem Gesetz der Akkumulation lautet, dass durch die Akkumulation Ihrer Ersparnisse eine *Eigendynamik* entsteht, die Sie Ihren finanziellen Zielen schneller näher bringt.

Der Einstieg in ein Sparprogramm zur Geldakkumulation ist schwer, doch sobald Sie sich einmal dazu entschlossen haben, wird es Ihnen leichter fallen, dabei zu bleiben. Das *Prinzip der Eigendynamik* ist eines der großen Erfolgsgeheimnisse der Menschheit. Diesem Prinzip zufolge erfordert es eine enorme Energie, unsere anfängliche Trägheit und unsere anfänglichen Widerstände gegen Selbstdisziplin und gegen die Akkumulation von Ersparnissen zu überwinden. Doch sobald Sie einmal damit angefangen haben, brauchen Sie viel weniger Energie, um in Bewegung zu bleiben. Bald wird Ihnen das alles ganz einfach und automatisch von der Hand gehen.

Das Gesetz der Trägheit

Diesem Konzept liegt Newtons erstes Gesetz der Bewegung zugrunde, das die NASA kurz und bündig folgendermaßen definiert: „Jedes Objekt bleibt in Ruhe oder in gleichmäßiger Bewegung auf einer geraden Linie – es sei denn, es wird durch die Einwirkung einer äußeren Kraft gezwungen, seinen Zustand zu ändern. Diese Tendenz, sich Änderungen seines Bewegungszustands zu widersetzen, nennt man *Trägheit.*“

Allgemeiner formuliert besagt dieses Gesetz, dass ein sich bewegender Körper dazu neigt, in Bewegung zu bleiben, wenn keine äußere Kraft auf ihn einwirkt; und ein ruhender Körper neigt dazu, in Ruhe zu bleiben, wenn keine äußere Kraft auf ihn einwirkt.

Aber wie sieht diese Kraft aus, wenn es darum geht, finanziell erfolgreich zu werden? Diese Kraft ist Ihr Geist – Ihre Gedanken, Wünsche, Gewohnheiten und routinemäßigen täglichen Abläufe. Die Kraft liegt also hundertprozentig in Ihnen selbst und untersteht Ihrer Kontrolle. Es gibt keine

Grenzen für das, was Sie erreichen können, außer den Grenzen, die Sie Ihren eigenen Gedanken mit Ihrem eigenen Denken auferlegen.

Fangen Sie klein an

Die zweite Konsequenz aus dem Gesetz der Akkumulation lautet: „Aller Anfang ist schwer."

Wenn Sie zum ersten Mal daran denken, zehn oder 20 Prozent Ihres Einkommens zu sparen, werden Ihnen sofort alle möglichen Gründe einfallen, warum das nicht geht. Vielleicht stecken Sie bis über beide Ohren in Schulden. Vielleicht müssen Sie jeden Cent ausgeben, den Sie verdienen, um finanziell über die Runden zu kommen.

Doch selbst wenn Sie sich in so einer verzweifelten Situation befinden sollten, gibt es eine Lösung. Wie ich bereits erwähnt habe, sollten Sie dann zunächst nur ein Prozent Ihres Einkommens auf einem separaten Konto ansparen und dieses Geld niemals anrühren. Gewöhnen Sie sich an, jeden Abend, wenn Sie nach Hause kommen, Ihr Kleingeld in ein großes Glas zu schütten. Sobald das Glas voll ist, bringen Sie es zur Bank und zahlen es auf Ihr Sparkonto ein. Immer wenn Sie durch den Verkauf einer Sache einen zusätzlichen Geldbetrag erhalten, Ihnen eine alte Schuld zurückgezahlt wird oder Sie eine unerwartete Bonuszahlung bekommen, geben Sie dieses Geld nicht aus, sondern zahlen es ebenfalls auf Ihr Sparkonto ein.

Dieses Sparkonto ist unantastbar. Das Geld auf diesem Konto fließt immer nur in eine Richtung: Verwenden Sie das Geld, das Sie darauf eingezahlt haben, niemals für Ausgaben, sondern nur für Investitionen. Wenn Sie sich ein Auto oder ein Haus kaufen möchten, eröffnen Sie dafür ein anderes Konto.

Das Gesetz der Anziehung

Diese kleinen Beträge werden sich in einem erstaunlichen Tempo summieren. Mit jedem Betrag, den Sie auf Ihr Sparkonto einzahlen, wird die Energie des Gesetzes der Anziehung stärker: Sie fangen an, Geld, Ideen, Menschen und Chancen in Ihr Leben zu ziehen, durch die Sie zu mehr Geld kommen, sodass Ihr Kontostand automatisch steigt.

Sobald Sie mit dem Ansparen von einem Prozent Ihres Einkommens keine Probleme mehr haben, erhöhen Sie diesen Anteil auf zwei Prozent, dann auf drei Prozent, vier Prozent usw. Auf diese Weise werden Sie innerhalb eines Jahres aus Ihren Schulden herauskommen und zehn, 15 oder sogar 20 Prozent Ihres Einkommens sparen, ohne dass sich das negativ auf Ihren Lebensstil auswirkt.

Und es wird auch noch etwas ganz anderes Erstaunliches geschehen: Da Sie jetzt ständig (und auf intelligentere Art als bisher) über Geld nachdenken, werden Sie anfangen, immer mehr zu verdienen und mehr Aktivitäten, die Geld einbringen, in Ihr Leben zu ziehen. Denn wie ich bereits erwähnt habe: *Man wird automatisch zu dem, woran man denkt.* Wenn Sie anfangen, sich *innerlich* für einen wohlhabenden Menschen zu halten, werden Sie auch äußerlich zu einem wohlhabenden Menschen.

ÜBUNG

Denken Sie langfristig. Eröffnen Sie Ihr Sparkonto und zahlen Sie nach und nach immer mehr Geld darauf ein. Überwinden Sie die Macht der Trägheit, indem Sie neue, bessere Lebensgewohnheiten entwickeln. Sie werden staunen, wie schnell Ihr Geld wächst – und zwar nicht durch Wünsche, Hoffnungen oder Meinungen, sondern per Gesetz.

Kapitel 26

Das Gesetz des Magnetismus

Das Gesetz des Magnetismus besagt, dass man zunehmend mehr Geld *anzieht,* sobald man einmal damit angefangen hat.

Dieses Gesetz war im Lauf der Menschheitsgeschichte schon immer einer der Hauptgründe für den Aufbau von Wohlstand. Es erklärt einen Großteil unserer Erfolge – und Misserfolge – in sämtlichen Lebensbereichen, vor allem in der Finanzwelt. Geld fließt stets dorthin, wo es geliebt und respektiert wird. Je mehr positive Emotionen Sie mit Ihrem Geld assoziieren, umso mehr Geld werden Sie anziehen – und zwar oft aus den erstaunlichsten und unerwartetsten Quellen.

Die erste logische Konsequenz aus dem Gesetz des Magnetismus lautet, dass Wohlstandsbewusstsein Geld genauso stark anzieht, wie ein Magnet Eisenspäne zu sich hin zieht.

Deshalb ist es so wichtig, dass Sie anfangen, Geld anzusammeln, egal in was für einer Situation Sie sich gerade befinden – selbst wenn Sie nur ein paar Münzen in ein Sparschwein stecken. Fangen Sie an zu sparen, auch wenn es nur minimale Beträge sind. Dieses Geld, das Sie mit Ihrem

Gefühl der Sehnsucht und Hoffnung magnetisch anziehen, wird automatisch immer mehr Geld in Ihr Leben ziehen – und zwar schneller, als Sie es sich vorstellen können.

Die zweite logische Konsequenz aus dem Gesetz des Magnetismus lautet, dass man Geld braucht, um Geld zu verdienen.

Wenn Sie anfangen, Geld anzusammeln, ziehen Sie automatisch mehr Geld und mehr Möglichkeiten, Geld zu verdienen, in Ihr Leben hinein. Und gleichzeitig werden Sie dadurch auf unbewusster Ebene auch klüger in Ihrem Umgang mit Geld: Dann erkennen Sie plötzlich Möglichkeiten, Geld zu verdienen, die Sie vorher gar nicht gesehen haben. Deshalb ist es so wichtig, anzufangen, und wenn auch nur mit einem ganz kleinen Betrag. Sie werden staunen, was dann alles passiert.

Füttern Sie Ihr Gehirn mit Geldgedanken

Nehmen Sie sich jeden Tag, jede Woche und jeden Monat ein bisschen Zeit, um über Ihre finanzielle Situation nachzudenken und nach Möglichkeiten zu suchen, wie Sie Ihre finanziellen Mittel intelligenter einsetzen könnten. Lesen Sie regelmäßig Artikel darüber, wie man Geld verdient und vermehrt; außerdem sollten Sie jeden Monat mindestens ein Buch zum Thema Geld lesen. Machen Sie sich Notizen dazu. Denken Sie stets schriftlich! Ideen und Kenntnisse, die Ihnen nicht jederzeit in schriftlicher Form zur Verfügung stehen, sind wie Zigarettenrauch in einem großen Raum – sie lösen sich in nichts auf.

Je mehr Zeit Sie sich nehmen, um auf intelligente Weise über Ihre Finanzen nachzudenken, umso bessere Entscheidungen werden Sie treffen und umso mehr Geld werden Sie besitzen, über das Sie sich Gedanken machen können. Und je mehr Sie über Ihre Ersparnisse und Investitionen nachdenken, umso mehr davon werden Sie anziehen.

ÜBUNG

Stellen Sie sich vor, dass Sie früher einmal mit wenig Geld oder mit ganz leeren Händen angefangen haben und inzwischen finanziell unabhängig sind. Was haben Sie getan? Wie haben Sie das geschafft? Inwiefern haben Sie Ihre Denkweise geändert, um dieses Ziel zu erreichen? Worin besteht die erste Maßnahme, die Sie zu diesem Zweck ergreifen sollten? Egal wie Ihre Antworten auf diese Fragen lauten – entwickeln Sie die Selbstdisziplin, die Sie brauchen, um sofort danach zu handeln.

Kapitel 27

Das Gesetz der Beschleunigung

Dieses Gesetz lautet: Je schneller Sie sich auf Ihre finanzielle Unabhängigkeit zubewegen, umso schneller bewegt sich die finanzielle Unabhängigkeit auf Sie zu. Je mehr Geld Sie ansammeln und je mehr Erfolg Sie haben, umso mehr und umso schneller scheinen Geld und Erfolg aus den verschiedensten Richtungen auf Sie zuzukommen.

Jeder Mensch, der heute finanziell erfolgreich ist, hat die Erfahrung gemacht, extrem hart zu arbeiten, manchmal jahrelang, bevor er seine erste echte Chance bekam oder ihm sein großer Durchbruch gelungen ist. Doch sobald er das einmal geschafft hatte, flossen ihm aus allen möglichen Richtungen immer mehr Chancen zu. Das Hauptproblem der meisten erfolgreichen Menschen besteht darin, bei all den finanziellen Chancen und Möglichkeiten, die von überallher auf sie zuzukommen scheinen, überhaupt noch den Überblick zu behalten. Es sind so viele. Und genauso wird es auch Ihnen ergehen!

Die erste logische Konsequenz aus dem Gesetz der Beschleunigung lautet, dass ganze 80 Prozent Ihres Erfolgs sich erst in den letzten 20 Prozent der Zeit einstellen werden, in der Sie Ihr Geld investieren oder dafür arbeiten.

Für langfristigen finanziellen Erfolg braucht man Geduld. Deshalb haben die meisten Menschen erst im Alter von 40 oder 50 Jahren (oder sogar noch später) großen finanziellen Erfolg: So lange dauert es, bis man die Kenntnisse und Fähigkeiten erworben hat, die man braucht, um zur richtigen Zeit die richtigen Chancen zu erkennen und zu nutzen.

Anscheinend erreicht man mit den ersten 80 Prozent der Zeit und des Geldes, die man in ein Unternehmen, eine Karriere oder ein Projekt investiert, nur rund 20 Prozent des gesamten möglichen Erfolgs. Die übrigen 80 Prozent werden Sie erst in den letzten 20 Prozent der Zeit, des Geldes und der Anstrengungen erreichen, die Sie dafür investieren.

Erstaunlicherweise kommt es nur allzu häufig vor, dass Menschen viele Arbeitsjahre in ihr Unternehmen oder ihre Karriere investieren und dann plötzlich aufgeben oder das Unternehmen verkaufen, kurz bevor sich der große Erfolg einstellt. Deshalb halten die meisten erfolgreichen Menschen Geduld und Ausdauer für so wichtig: Sie führen ihren letztendlichen Erfolg darauf zurück, dass sie niemals aufgegeben haben, egal wie mutlos sie manchmal waren.

Lassen Sie sich durch nichts aufhalten

Wenn ich vor einem großen Publikum von Unternehmern und Vertriebsprofis spreche, stelle ich ihnen stets eine entscheidende Frage: „Welches ist die wichtigste Eigenschaft, die man haben muss, um in unserer heutigen wettbewerbsorientierten Unternehmenswelt erfolgreich zu sein?“

Und kurze Zeit später gebe ich ihnen selbst die Antwort darauf: „Um das zu schaffen, darf man sich *durch nichts aufhalten lassen*. Das heißt, Sie müssen von Anfang an fest entschlossen sein, niemals aufzugeben, egal was passiert!"

„Und wie entwickelt man diese Eigenschaft?", frage ich dann weiter. „Nun, Sie wissen ja bereits, dass man automatisch zu dem wird, woran man denkt; und genauso automatisch werden Sie auch zu dem, was Sie zu sich selbst sagen. Und was sollten Sie zu sich selbst sagen? Ganz einfach: Schärfen Sie sich den magischen Satz ein: ‚Nichts kann mich aufhalten! Nichts kann mich aufhalten! Nichts kann mich aufhalten!' Wiederholen Sie diesen Satz immer und immer wieder. Machen Sie diesen Befehl zu einem festen Bestandteil Ihres Unterbewusstseins – so lange, bis er irgendwann zu Ihrer automatischen Reaktion auf sämtliche Probleme, Schwierigkeiten oder Enttäuschungen geworden ist. Programmieren Sie sich selbst auf Ausdauer und Hartnäckigkeit. Seien Sie von Anfang an entschlossen, *niemals aufzugeben*."

Man wird automatisch zu dem, was man andere Menschen lehrt

Nutzen Sie jede Chance, diese lebensverändernde Idee an andere Menschen weiterzugeben – vor allem an Ihre Kinder. Sagen Sie allen Leuten, mit denen Sie über dieses Thema sprechen, dass Sie fest daran glauben, dass sie niemals aufgeben werden, egal was passiert. Sie können ruhig irgendetwas Neues oder anderes ausprobieren, falls ihre jetzige Vorgehensweise nicht von Erfolg gekrönt ist – aber Aufgeben ist keine Option.

Peter Lynch, der frühere Manager des Magellan Fund (einem der erfolgreichsten Investmentfonds, die je aufgelegt wurden), hat einmal gesagt, die besten Investitionen, die er je getätigt habe, seien diejenigen gewesen, die lange brauchten, um sich zu rentieren. Lynch kaufte oft Aktien von Unternehmen, deren Wert jahrelang stagnierte; doch dann nahm die Aktie plötzlich Fahrt auf, und ihr Wert verzehn- oder verzwanzigfachte sich. Diese Strategie der langfristigen Auswahl von Aktien hat ihn letztendlich zu einem der erfolgreichsten und bestbezahlten Vermögensverwalter der ganzen USA gemacht.

ÜBUNG

Denken Sie an einen Bereich Ihres Lebens, in dem der Erfolg sich bisher nicht so schnell einstellt, wie Sie es gerne hätten. Wiederholen Sie jedes Mal, wenn Sie an diesen Lebensbereich denken, den Satz: „Nichts kann mich aufhalten!" Dadurch wird dieser Gedanke automatisch zu Ihrer Standardreaktion.

Kapitel 28

Das Gesetz des Aktienmarkts

Dem Gesetz des Aktienmarkts folgend, ist der Wert einer Aktie der gesamte zu erwartende Cashflow aus der Aktie, auf den heutigen Tag diskontiert.

Eine Aktie repräsentiert einen Anteil an einem Unternehmen. Damit hat der Eigentümer der Aktie Anspruch auf sämtliche Vorteile und Risiken, die sich aus dem Besitz dieses Unternehmens ergeben. Dazu gehören Gewinne, Verluste, Kapitalerhöhungen, Wertverluste, gutes oder schlechtes Management und eine steigende oder sinkende Nachfrage nach den von dem betreffenden Unternehmen bereitgestellten und vertriebenen Produkten oder Dienstleistungen.

Wenn Sie Aktien kaufen, investieren Sie eine bestimmte Geldsumme und wetten gewissermaßen darauf, dass Ihre Rendite über dem Betrag liegen wird, den Sie mit einer garantierten Anlage (zum Beispiel einer Anleihe oder einem Geldmarktfonds) erzielen könnten. Eigentlich ist der Kauf einer Aktie eine Art Glücksspiel, da weder die Zukunft des Unternehmens noch der Wert der Aktie vorhersehbar ist. Beides hängt von unzähligen Marktkräften wie Umsatz,

Wettbewerb, Technologie, Zinssätzen, der Qualität des Managements, den Weltereignissen, dem Wetter usw. ab.

Die erste logische Konsequenz aus dem Gesetz des Aktienmarkts lautet, dass Bullen und Bären Geld verdienen, Schweine jedoch geschlachtet werden.

Das bedeutet, dass Menschen, die aggressiv investieren, wenn der Markt steigt, Geld verdienen. Wer Leerverkäufe tätigt und sich schützt, wenn der Markt sinkt, verdient ebenfalls Geld. Doch habgierige Menschen, die am Aktienmarkt ein Vermögen zu machen versuchen, verlieren fast immer Geld. Über 70 Prozent aller Daytrader (Investoren, die die kleinen Kursbewegungen eines Tages nutzen und alle Positionen vor Ende des Tages wieder schließen) verlieren Geld – oft sogar alles.

Die zweite logische Konsequenz aus dem Gesetz des Aktienmarkts lautet, dass langfristige Investitionen in den amerikanischen Aktienmarkt zu den besten Möglichkeiten gehören, um langfristig zu finanzieller Sicherheit zu gelangen.

Diese Schlussfolgerung stammt von Warren Buffett, dessen „Berkshire Hathaway"-Aktien über die gesamte Laufzeit des Fonds eine Rendite von mehr als 1.250.000 Prozent erzielt haben. Können Sie sich vorstellen, über eine Million Prozent Rendite auf Ihre Anlagen zu erzielen? Genau das hat Buffett erreicht, indem er sich stets konsequent an seine eigenen Anlageempfehlungen hielt.

Der Wert der an den US-Märkten gehandelten Aktien ist in den letzten 80 Jahren um durchschnittlich elf Prozent pro Jahr gestiegen. Das bedeutet: Wer im Alter von 20 Jahren anfängt, jeden Monat 100 Dollar in einen Investmentfonds zu investieren, der im Durchschnitt zehn Prozent pro Jahr zulegt, der geht mit einem Nettovermögen von über 1.000.000 Dollar in den Ruhestand!

Die dritte logische Konsequenz aus diesem Gesetz lautet, dass der *Durchschnittswert der Dollarkosten* Sie reich machen wird.

Das bedeutet, dass es so etwas wie Markt-Timing nicht gibt. Denn es ist praktisch unmöglich, ständig Aktien zu kaufen, wenn die Kurse niedrig sind, und sie zu verkaufen, wenn die Kurse hoch sind. Es ist stets die bessere Anlagestrategie, Aktien von guten, soliden Unternehmen zu kaufen, die geschätzte, angesehene Produkte und Dienstleistungen vertreiben, und diese Aktien dann langfristig zu halten.

Der amerikanische Komiker und Entertainer Will Rogers hat einmal gesagt: „Spielen Sie nicht! Nehmen Sie alle Ihre Ersparnisse, kaufen Sie ein paar gute Aktien, halten Sie diese Aktien so lange, bis sie steigen, und verkaufen Sie sie dann. Wenn sie nicht steigen, kaufen Sie sie nicht."

Und Konsequenz Nummer vier besagt, dass der Aktienmarkt von Profis gemanagt und gesteuert wird. Das bedeutet: Jede Aktie, die irgendjemand *kauft*, wird von jemand anderem *verkauft*. Derjenige, der die Aktie kauft, wettet darauf, dass ihr Kurs steigen wird. Derjenige, der die Aktie verkauft, wettet darauf, dass ihr Kurs fallen wird. Demnach ist jeder Aktienkauf und -verkauf ein Nullsummenspiel, bei dem ein Anleger mit seiner Weisheit und seinem Urteilsvermögen gegen die Weisheit und das Urteilsvermögen eines anderen Anlegers antritt. Die meisten dieser Anleger sind Profis, die das 50 bis 60 Stunden pro Woche tun und über langjährige Erfahrung verfügen.

Angesichts des geringeren Wissens, das Sie im Vergleich zu diesen gewieften Anlegern besitzen, besteht wie bereits erwähnt die für Sie sicherste Vorgehensweise darin, in einen Indexfonds zu investieren. In so einem Fonds sind alle Aktien dieses Börsenindex vertreten, und er steigt oder fällt der durchschnittlichen Entwicklung des gesamten Marktes entsprechend. Der beliebteste Indexfonds ist der S&P 500, der über die Jahre hinweg regelmäßig mehr als 80 Prozent der professionell verwalteten Investmentfonds übertroffen hat.

Die meisten Vermögen entstehen durch Unternehmertum – also durch die Gründung und den Aufbau eines Geschäfts oder Unternehmens. Sobald Menschen auf diese Weise zu Vermögen gekommen sind, investieren sie ihr Geld in den Aktienmarkt und in Ertrag bringende Immobilien.

ÜBUNG

Nehmen Sie sich gleich heute vor, in den Aktienmarkt zu investieren. Beginnen Sie mit einem Indexfonds, den Sie bei jedem Börsenmakler oder sogar bei Ihrer Bank kaufen können. Dadurch werden Sie schon von Ihrer ersten Investition an ein viel besseres Verständnis für die Welt der Geldanlagen entwickeln.

Kapitel 29

Das Gesetz des Marketings

Dieses Gesetz besagt, dass jeder Mensch zwangsläufig etwas mit Marketing zu tun hat, egal in welcher Branche er tätig ist.

Die meisten Vermögen werden von Unternehmen oder kleineren Firmen aufgebaut, die ein Produkt oder eine Dienstleistung in einem umkämpften Markt verkaufen und damit Gewinne erzielen. Einige unserer größten und profitabelsten Unternehmen, wie beispielsweise Apple, Amazon und Microsoft, sind erst vor relativ kurzer Zeit entstanden und alle haben sich aus einer Idee entwickelt, bei der es darum ging, wie man Kunden besser dienen kann.

Die einfache Erfolgsformel lautet: Um mehr Geld zu verdienen, muss man *mehr verkaufen.* Und um das zu schaffen, muss man sich ständig mit dem Thema Marketing und Verkauf beschäftigen.

Die erste logische Konsequenz aus dem Gesetz des Marketings lautet, dass nichts passiert, bevor kein Verkauf stattgefunden hat.

Im Verkauf verfolgen Sie drei Ziele: (1) den ersten Verkauf zu tätigen, (2) sich so gut um den Kunden zu kümmern, dass er wieder etwas bei Ihnen kauft (jeder geschäftliche Erfolg hängt von diesem zweiten Verkauf ab), und (3) dem Kunden so gute Dienste zu leisten, dass er Sie weiterempfiehlt. Beim Marketing geht es also um ein ganz einfaches Erfolgsrezept: verkaufen, nochmals verkaufen und an die Freunde Ihrer Kunden verkaufen.

Die vier Säulen des Marketingerfolgs

Es gibt vier Säulen des Marketing-Mixes. Jede dieser Säulen ist wichtig, wenn man Verkäufe tätigen und sich ein profitables, erfolgreiches Geschäft aufbauen möchte.

Säule Nr. 1: Spezialisierung. Bei dieser Säule geht es darum, sich ein paar wichtige Fragen zu beantworten: Wer ist Ihr Kunde? Was will er? Wer sind Ihre Mitbewerber in diesem Geschäft, und warum sollte der Kunde Ihr Produkt oder Ihre Dienstleistung bei Ihnen und nicht bei einem anderen Anbieter kaufen? In welchem Bereich haben Sie sich spezialisiert? In welcher Hinsicht unterscheiden Sie sich von Ihren Konkurrenten und warum sind Sie besser?

Säule Nr. 2: Differenzierung. Das ist der wichtigste Teil des Marketing-Mixes. Das ist Ihr Schlüssel zu höheren Umsätzen, mehr Wachstum und zur gesamten Zukunft Ihres Unternehmens. Inwiefern ist Ihr Produkt oder Ihre Dienstleistung anders, besser und *überlegener* als andere Produkte oder Dienstleistungen, mit denen Sie im Wettbewerb stehen? Diese Überlegenheit Ihres Produkts oder Ihrer Dienstleistung bezeichnet man als *Wettbewerbsvorteil* oder *Alleinstellungsmerkmal*. Jack Welch von General Electric hat einmal gesagt: „Wenn Sie keinen Wettbewerbsvorteil haben, sollten Sie gar nicht erst mit anderen Mitbewerbern in Konkurrenz treten.“

Jeder Kunde ist auf der Suche nach dem besten Angebot zum niedrigsten Preis mit der höchsten Qualität und dem größten Nutzen für die Erreichung seiner persönlichen und geschäftlichen Ziele. Ihre Fähigkeit, ein Produkt oder eine Dienstleistung zu verkaufen, hängt davon ab, ob Sie den Interessenten zeigen können, dass Ihr Produkt oder Ihre Dienstleistung sich von den Angeboten Ihrer Konkurrenten unterscheidet und diesen in irgendeiner Hinsicht überlegen ist.

Säule Nr. 3: Segmentierung. Dieser Begriff bezieht sich darauf, wie Sie Ihren Markt gezielt so aufteilen können, dass es Ihnen gelingt, mit Ihrer Zeit und Ihrem Werbebudget genau die Menschen anzusprechen, die sich das wünschen, was Sie anbieten, und auch bereit sind, für Ihr Produkt oder Ihre Dienstleistung zu zahlen und nicht für die Angebote eines Ihrer Mitbewerber.

Säule Nr. 4: Konzentration. Das bedeutet, dass Sie Ihre Zeit und Ihr Geld darauf konzentrieren, genau die Kunden anzusprechen, die die besonderen Merkmale und Vorteile Ihrer Produkte oder Dienstleistungen wohl am meisten zu schätzen wissen und auch am ehesten über die finanziellen Mittel verfügen, um in einem wettbewerbsintensiven Markt den Preis für Ihr Produkt bezahlen zu können.

Der Schlüssel zu Ihrem geschäftlichen Erfolg liegt in Ihrer Fähigkeit, diese vier Säulen des Marketing-Mixes klar zu definieren. Als Nächstes müssen Sie all Ihre Bemühungen darauf konzentrieren, genau die Kunden anzusprechen, die am ehesten bei Ihnen kaufen werden und auch die von Ihnen verlangten Preise bezahlen können.

ÜBUNG

Welche konkreten Änderungen können Sie an Ihrer Werbung und Ihren Promotion-Aktivitäten vornehmen, um mehr Verkäufe an mehr Ihrer besten potenziellen Kunden zu tätigen? Warum sollte ein Interessent bei Ihnen und nicht bei einem anderen Anbieter kaufen? Warum und inwiefern ist Ihr Produkt oder Ihre Dienstleistung besser als diejenigen Ihrer Konkurrenten? Nennen Sie drei Gründe.

Kapitel 30

Das Immobiliengesetz

Das Immobiliengesetz besagt, dass der Wert einer Immobilie ihrer zukünftigen Ertragskraft entspricht.

Der Wert einer jeden Immobilie hängt von dem Einkommen ab, das sich mit ihr erwirtschaften lässt, wenn sie vom jetzigen Zeitpunkt an für ihre beste und rentabelste Nutzung entwickelt wird. Für manche Eigentümer mag ein Haus oder Grundstück einen sentimentalen Wert haben, doch sein konkreter Gegenwert in Dollar hängt unmittelbar von seiner *zukünftigen Ertragskraft* ab – also dem Geld, das man damit verdienen kann.

Es gibt ungeheuer viele Ländereien, die niemals einen wirklichen Wert haben werden (zum Beispiel Land, das mitten in der Wüste liegt), weil sie keine zukünftige Ertragskraft haben. Solches Land kann man nicht dafür erschließen, Einkommen zu erzielen, Wohnraum zu schaffen oder irgendwelche anderen menschlichen Bedürfnisse zu befriedigen.

In vielen Großstädten gibt es große Bezirke, in denen die Immobilienwerte sinken, weil dort kein Wachstum und keine Entwicklung mehr stattfindet und weil das wahrscheinlich auch in Zukunft so bleiben wird. Tagtäglich müssen Menschen Häuser und Grundstücke zu einem geringeren Preis verkaufen, als sie dafür bezahlt haben, oder verlieren sie durch Zwangsvollstreckung, weil diese Immobilien an Ertragskraft (beispielsweise an Vermietbarkeit) und somit an Wert verloren haben.

Die erste logische Konsequenz aus dem Immobiliengesetz lautet, dass Sie Geld verdienen, wenn Sie *kaufen*, und diesen Gewinn realisieren, wenn Sie *verkaufen*.

Das ist ein sehr wichtiges Prinzip. Wenn Sie eine Immobilie zum richtigen Preis und zu den richtigen Konditionen kaufen, können Sie sie später mit Gewinn wieder verkaufen. Viele Menschen glauben, dass sie ihr Geld verdienen, wenn sie die Immobilie verkaufen – egal wie oder zu welchem Preis sie sie gekauft haben. Doch damit zäumt man das Pferd von hinten auf.

Je genauer Sie eine Immobilie prüfen und je gründlicher Sie ein Kaufangebot vorbereiten, mit umso höherer Wahrscheinlichkeit werden Sie ein Geschäft abschließen, durch das Sie Ihre Immobilie später mit Gewinn wieder verkaufen können.

Die zweite Konsequenz aus dem Immobiliengesetz lautet, dass es bei der Auswahl einer Immobilie drei wichtige Kriterien gibt: *1) die Lage, 2) die Lage* und *3) die Lage.*

Jede Immobilie ist einzigartig, denn es gibt nur eine einzige solche Immobilie auf der ganzen Welt. Ihre Fähigkeit, eine Immobilie in hervorragender Lage zu finden und zu erwerben, wird mehr Einfluss auf die zukünftige Ertragskraft dieser Immobilie haben als fast jede andere Entscheidung, die Sie treffen.

Die dritte Konsequenz aus dem Immobiliengesetz lautet, dass die Immobilienwerte weitgehend von der allgemeinen wirtschaftlichen Aktivität in der Region abhängen – vor allem von der Anzahl der Arbeitsplätze und dem Lohnniveau.

Das spielt vor allem bei der Auswahl der Wohngegend oder Gemeinde, in der Sie investieren oder ein Haus kaufen möchten, eine wichtige Rolle. Normalerweise steigen die Immobilienwerte dreimal so stark wie das Bevölkerungswachstum und zweimal so stark wie die Inflationsrate. Wenn Sie eine Immobilie in einer wachstumsstarken Gemeinde erwerben, ist Ihnen eine überdurchschnittliche Wertsteigerung also so gut wie sicher. Somit sind die wichtigsten Faktoren, von denen der Wert einer Immobilie in einer bestimmten Region abhängt, die Anzahl der Unternehmensgründungen und das Wirtschaftswachstum in der Umgebung.

Machen Sie sich bei Immobilien den Zinseszinseffekt zunutze

Eine der beliebtesten Möglichkeiten, das Zinseszins-Gesetz auch auf den Kauf von Immobilien anzuwenden, besteht darin, nach einer großen Stadt Ausschau zu halten, die wächst und expandiert, und dann eine Immobilie ganz in ihrer Nähe zu erwerben. Fahren Sie ungefähr acht Kilometer vom Rand der betreffenden Stadt in eine kleine Gemeinde und kaufen Sie dort ein Haus oder Grundstück. Zahlen Sie regelmäßig die monatlichen Hypothekenraten und Steuern. Wenn Sie können, vermieten Sie das Objekt. Dann wird diese Immobilie dem Zinseszins-Gesetz entsprechend an Wert gewinnen und Ihnen eines Tages vielleicht viel Geld einbringen.

Erfolgsgeschichte eines Einwanderers

Ein Freund von mir wanderte mit 15 Jahren in die USA ein, ohne ein Wort Englisch zu sprechen. Er begann, eine Schule zu besuchen und in seiner Freizeit in der Schulcafeteria zu arbeiten. Eines Tages erzählte ihm jemand, dass der Schlüssel zu finanziellem Erfolg in Amerika darin bestehe, Immobilien zu kaufen und zu halten: „Denn das Angebot an Immobilien ist naturgemäß begrenzt."

Doch da mein Freund kaum Geld hatte, war er damit lieber ein bisschen vorsichtig. Er nahm sich vor, Geld zu sparen und jedes Jahr eine Immobilie zu kaufen. Eines Tages entdeckte er eine kleine Stadt in der Nähe einer wachstumsstarken größeren Stadt und kaufte sein erstes Wohngrundstück für eine kleine Anzahlung und monatliche Hypothekenraten von 25 Dollar.

Mein Freund arbeitete und sparte weiter und verdiente mit der Zeit immer mehr Geld. Im zweiten Jahr kaufte er ein zweites Grundstück, das ein bisschen mehr kostete als das erste, und achtete auch weiterhin darauf, seinen finanziellen Verbindlichkeiten regelmäßig nachzukommen. Und er hielt sich auch weiter an seinen Plan, jedes Jahr eine Immobilie zu erwerben (wenn er es sich leisten konnte, kaufte er sogar größere Objekte). Er legte Immobilien zusammen, tauschte sie und wurde in diesem Geschäft allmählich immer gewiefter.

Mehr als 20 Jahre später war mein Freund reich. Er besaß mehrere Immobilien unterschiedlicher Größe und Zeitwerte. Zum Schluss legte er alle seine Immobilien zusammen, machte sie zu Geld und erwarb (hauptsächlich mithilfe von Krediten und Darlehen) ein Einkaufszentrum im Wert von 350.000.000 Dollar. Außerdem kaufte er sich in ein beliebtes nationales Franchise-Unternehmen ein, das ihm einen stetigen Strom von Gewinnen einbrachte. Aufgrund seines Erfolgs und seines Status bot man ihm an, Präsident einer großen Universität zu werden. Dieser Mann hat bewiesen, was man mit langfristigem Denken und dem Zinseszinseffekt alles erreichen kann. Das können Sie auch. Und es beginnt bereits mit Ihrer allerersten Investition.

Immobilien kaufen und modernisieren

Entscheiden Sie sich gleich heute für den Kauf einer Anlageimmobilie. Sie können nur etwas über Immobilieninvestitionen lernen, indem Sie selbst Eigentümer werden und Ihr Wissen und Ihre Fähigkeiten dann dazu einsetzen, den Wert Ihrer Immobilie zu steigern.

Die vierte Konsequenz aus dem Immobiliengesetz lautet: „Kaufen und modernisieren Sie sie."

Eine der besten Methoden, mit Immobilien reich zu werden, besteht darin, eine Immobilie (vorzugsweise ein Haus) in einer guten Wohngegend zu kaufen und dann so zu sanieren oder zu modernisieren, dass es attraktiver und wertvoller wird, sodass Sie mehr Miete dafür verlangen können, als Sie für die Hypothek zahlen.

Aber machen Sie vorher erst einmal gründlich Ihre Hausaufgaben. Nehmen Sie das Wohnviertel genau unter die Lupe, bevor Sie das Haus kaufen. Gehen Sie rund um den Häuserblock. Fragen Sie Bewohner, wie es ihnen in dieser Wohngegend gefällt. Suchen Sie nach dem *verhängnisvollen Fehler,* den die betreffende Immobilie haben könnte. Gehen Sie nicht von vornherein davon aus, dass das eine gute Investition ist. Denn der Anbieter, der die Immobilie verkauft, möchte natürlich einen möglichst hohen Preis dafür erzielen und wird daher alles tun, um etwaige Mängel herunterzuspielen oder zu vertuschen. Nehmen Sie sich fest vor, sich bei Bedarf lieber mehrere Häuser anzuschauen, bevor Sie ein Angebot für eine dieser Immobilien unterbreiten.

Und nun möchte ich Ihnen eine wahre Geschichte erzählen. Ein Freund von mir zog von Neuseeland in die USA mit dem Plan, die Strategie „Immobilien kaufen und modernisieren“, die er bereits in Auckland praktiziert hatte, nun auch in Amerika erfolgreich anzuwenden.

Er entschied sich für Phoenix, Arizona, eine wachstumsstarke Stadt, die sich ganz hervorragend für die Strategie des Ankaufs mehrerer Häuser eignete. Da mein Freund gerade erst in die USA gekommen war und nicht viel Geld hatte, nahm er sich vor, erst einmal 100 Häuser zu besichtigen, bevor er ein Kaufangebot für das erste Objekt unterbreitete.

Er erstellte eine Checkliste mit allen Faktoren, auf die er bei seiner Recherche achten musste, und ging diese Liste bei jedem Haus, das er besichtigte, genau durch. Schließlich kaufte er sein erstes Haus.

In der Zwischenzeit hatte er bei seiner Bank nachgefragt, welches Darlehen sie ihm zusätzlich zu seiner eigenen Investition bewilligen würde, damit er eine Hypothek für ein Haus aufnehmen konnte. Als sein Kaufangebot für ein Haus, das ihm gefiel, akzeptiert wurde, zögerte er nicht lange und machte den Deal perfekt. Er hatte übrigens auch eine Checkliste mit sämtlichen Modernisierungsarbeiten aufgestellt, die er durchführen wollte, um das Haus attraktiver zu gestalten, und hielt sich genau daran.

Nach dem Kauf der Immobilie zog mein Freund sofort ein und begann an den Abenden und Wochenenden mit den Renovierungsarbeiten. Nach ungefähr sechs Monaten hatte er Haus und Garten so hergerichtet, dass die Immobilie attraktiv genug war und er sie zu einem Betrag vermieten konnte, der seine monatlichen Hypothekenzahlungen überstieg.

Im Lauf der nächsten zehn Jahre kaufte, renovierte und vermietete er auf diese Weise über 100 Häuser und verschaffte sich damit einen Cashflow von mehreren 10.000 Dollar pro Monat. Schließlich begann er dieses Geld in Mehrfamilienhäuser und andere Immobilien zu investieren. Heute ist mein Freund ein wohlhabender Mann. Und das, obwohl er mit fast leeren Händen in dieses Geschäft eingestiegen ist.

Diese Methode des Kaufens und Modernisierens von Immobilien ist ein hartes Stück Arbeit. Am Anfang werden Sie Fehler machen. Das ist der Preis, den Sie für Ihren späteren Erfolg zahlen müssen. Doch diese Strategie ist einer der sichersten Wege, um mit Immobilien reich zu werden. Die Nachteile fallen kaum ins Gewicht, und die Vorteile haben Sie größtenteils selbst unter Kontrolle.

ÜBUNG

Nehmen Sie sich gleich heute vor, eine Anlageimmobilie zu kaufen – am besten ein Haus, in das Sie einziehen und in dem Sie wohnen können, während Sie es herrichten. Lesen Sie Robert G. Allens 2010 erschienenes Buch *Nothing Down for the 2000s: Dynamic New Wealth Strategies in Real Estate,* in dem der Autor erklärt, wie Sie einen „motivierten Verkäufer" finden – also jemanden, der Ihnen sein Haus verkauft und als Anzahlung dafür eine zweite Hypothek auf die Immobilie akzeptiert.

Kapitel 31

Das Gesetz des Internets

Dieses Gesetz besagt, dass das Internet das große Gaspedal für Geld, Geschäfte und Erfolg aller Art ist.

Seit das Internet Ende der 1990er-Jahre massenhaft genutzt wird, hat es unsere Welt völlig verändert. Sein nachhaltiger Einfluss hat sämtliche Unternehmen und Organisationen auf den Kopf gestellt und der Entwicklung unserer menschlichen Erfahrungswelt eine ganz neue Richtung gegeben.

Es gab einmal eine Zeit, in der Telefon und Faxgerät die beiden wichtigsten Technologien im Geschäftsleben waren. Wenn Sie eine Frage zu einem Produkt oder einer Dienstleistung hatten, mussten Sie zum Telefon greifen und das betreffende Unternehmen anrufen. Wenn Sie eine Bestellung aufgeben, einen Vertrag unterzeichnen oder schnell irgendetwas dokumentieren wollten, mussten Sie ein Faxgerät benutzen. Damals konnten Sie Ihr Unternehmen mithilfe von gutem Marketing und einer kleinen Anzeige im Telefonbuch so positionieren, dass Kaufinteressenten darauf aufmerksam wurden.

Das Zeitalter der Suchmaschine

Nachdem das Internet mit Diensten wie AOL und CompuServe weltweit Fuß gefasst hatte, sind Sie als neugieriger Interessent irgendeiner Ware oder Dienstleistung wahrscheinlich irgendwann einmal auf eine Suchmaschine oder Website gegangen, um Antworten auf Ihre Fragen zu erhalten. So wurden die Suchmaschinen zu Empfängern von Kaufabsichten. Wie wir alle wissen, hat Google den Konkurrenzkampf der Suchmaschinen mittlerweile gewonnen und kontrolliert daher inzwischen die Mehrzahl aller Kaufabsichten in der westlichen Welt. Im Jahr 2022 erwirtschaftete Google Search rund 162 Milliarden Dollar, was über 60 Prozent seines gesamten Geschäfts entspricht. Das Unternehmen entwickelte oder kaufte sogar das mobile Betriebssystem Android, YouTube und andere Google-Produkte, um sein Suchgeschäft abzusichern.

Das große Gaspedal

Das Internet stärkte und beschleunigte den Erfolgskurs der Computerindustrie mit immer schnelleren und kleineren Prozessoren, Massenkollaborationstools und zunehmend ausgefeilterer Software für alle möglichen Zwecke. Und nun stehen wir an der Schwelle eines neuen Zeitalters. Wir haben das menschliche Genom entschlüsselt, den Weltraum erforscht, und jetzt rollt schon die nächste große Revolution – nämlich die Künstliche Intelligenz (KI) – auf uns zu.

Wir können nicht vorhersagen, was als Nächstes passieren wird, aber wir können das Gesetz des Internets als Philosophie verstehen, die uns in die Zukunft führen wird. Und nun möchte ich Ihnen sechs wichtige Konsequenzen aus dem Gesetz des Internets vorstellen. Jedes dieser Prinzipien ist für Ihren Erfolg und Ihren Wohlstand von entscheidender Bedeutung.

Die erste Konsequenz aus dem Gesetz des Internets lautet *Offenheit*. Das Internet ermöglicht den freien Fluss von Informationen, Wissen und Ideen, die von den verschiedensten Menschen, Kulturen und Philosophien stammen.

Durch diesen Informationsfluss haben wir nicht nur eine Menge erfahren und gelernt, sondern unsere Prinzipien sind dadurch auch in einer noch nie dagewesenen Art und Weise homogenisiert worden. Heute ist es schwieriger als je zuvor, Menschen durch Zensur, Fehlinformationen und Propaganda zu beherrschen.

In den meisten Ländern haben die Bürger freien Zugang zu unzensierten Informationen, Nachrichten und Ideen. Diese Offenheit ist ein wichtiger Wegbereiter für die Freiheit – vor allem die Freiheit der Gedanken. Um erfolgreich zu sein, müssen wir offen für neue Informationen, Innovationen und Umstände sein, die sich blitzschnell verändern. Der Ökonom Peter Drucker hat einmal gesagt: „Effizienz bedeutet, die Dinge richtig zu tun; Effektivität bedeutet, die richtigen Dinge zu tun." Mithilfe des Internets können wir herausfinden, welches die richtigen Dinge sind.

Die zweite Konsequenz aus dem Gesetz des Internets lautet *Transparenz*. Das bedeutet, dass Sie Ihre Ideen genauso schnell mit anderen Menschen teilen sollten, wie Sie sie entwickeln.

In unserem heutigen Zeitalter wimmelt es nur so von guten Ideen. Immer wenn Sie glauben, eine hervorragende Idee zu haben, können Sie sie googeln und werden dabei wahrscheinlich feststellen, dass diese Idee bereits überall auf der Welt umgesetzt wird. Es kommt lediglich auf die Qualität der Ausführung an. Wir sollten uns bemühen, jede neue Idee so transparent wie möglich zu machen und so schnell wie möglich Feedback dazu einzuholen. Lassen Sie Ihre Idee von anderen klugen Köpfen hinterfragen; schmieden Sie sie im Feuer des Marktes. Je kritischer wir (mitsamt unseren Ideen) auf den Prüfstand gestellt werden, umso besser werden wir.

Die dritte Konsequenz aus dem Gesetz des Internets lautet *Zusammenarbeit.* Ihre Fähigkeit, gut mit anderen Menschen zu kooperieren, ist der Schlüssel zur Vervielfachung Ihrer Resultate und Gewinne und zum Erfolg in unserem heutigen Geschäftsleben. Nicht ohne Grund heißt es: Sobald Ihr Produkt oder Ihre Dienstleistung gut funktioniert, ist dieses Produkt bzw. diese Dienstleistung bereits veraltet und wird höchstwahrscheinlich sehr bald durch etwas anderes ersetzt, das schneller, besser und billiger ist. Sie müssen also für die Möglichkeit offen bleiben, dass Ihre Lieblingsidee bereits durch ein besseres Produkt ersetzt worden ist.

Sie können nicht alles allein machen. Das ist das Schöne an unserer heutigen Zeit: Es gibt unzählige Tools, mit deren Hilfe Sie sich mit anderen Menschen vernetzen und beraten, mit ihnen kommunizieren und kooperieren können. Wahrscheinlich nutzen Sie bereits tagtäglich mehrere dieser Hilfsmittel.

Eines der wirksamsten Erfolgswerkzeuge ist seit jeher das Mastermind-Prinzip: Die meisten großen Erfolge entstehen dadurch, dass mindestens zwei Menschen sich regelmäßig treffen und Ideen miteinander austauschen. Die erfolgreichsten Unternehmer und Selfmade-Millionäre nehmen sich jede Woche ein bisschen Zeit, um sich mit anderen Menschen zusammenzusetzen und über ihre Ideen zu unterhalten. Denn manchmal kann eine einzige Frage oder Beobachtung von jemandem, der in einem anderen Geschäft tätig ist, Sie auf die bahnbrechende Idee bringen, die Sie reich macht.

Die vierte Konsequenz aus dem Gesetz des Internets lautet *Innovation* – also die Fähigkeit, ständig nach Möglichkeiten zu suchen, wie Sie Ihr Produkt oder Ihre Dienstleistung aus der Sicht Ihres Kunden verbessern könnten.

Manchmal kann schon eine einzige Änderung, durch die Ihr Produkt oder Ihre Dienstleistung attraktiver wird als die Ihrer Konkurrenten, der große Durchbruch sein, der Ihre ganze Branche verändert.

Es gab noch nie eine bessere Zeit, um Unternehmer zu sein, als heute. Das Internet und die Technologien, die es ergänzen, werden immer besser, schneller, billiger und leichter zugänglich, weil immer schnellere Internetverbindungen verfügbar werden.

In diesem Umfeld entstehen Innovationen normalerweise schnell und kosten nicht viel. Sie können morgens eine Idee haben und diese bereits am Nachmittag testen. Komplizierte, teure Produkte oder Dienstleistungen von vor zehn Jahren sind heute hundertmal billiger und tausendmal schneller. Denken Sie daran, wie rasch man heutzutage eine Domain registrieren, eine Website erstellen und starten und E-Commerce mitsamt Transaktionsverarbeitung und Buchhaltung einrichten kann! All das können Sie innerhalb eines knappen Tages für weniger als 100 Dollar erledigen.

Die fünfte Konsequenz aus dem Gesetz des Internets ist die *Übernahme von Ideen und Innovationen*: Das Tempo, in dem Sie neue Ideen übernehmen und anwenden, wird sich stärker auf Ihren Erfolg auswirken als alles andere.

Um etwas Neues auszuprobieren, muss man oft erst einmal alte Technologien *verlernen* und sich auf neue Plattformen einlassen. So etwas ist stets unbequem, doch das innere Unbehagen, das man dabei empfindet, bedeutet, dass man etwas lernt und sich weiterentwickelt. Wir müssen uns neue

Methoden, Technologien und Wege der Unternehmensgründung zu eigen machen. Wir müssen tagtäglich an die Grenzen unserer Komfortzone stoßen. Wir müssen neue Technologien übernehmen – egal wie wohl wir uns mit unseren alten Tools gefühlt haben.

Die sechste Konsequenz aus dem Gesetz des Internets lautet *Content*: Ihre Fähigkeit, interessantere und unterhaltsamere Inhalte zur Veranschaulichung Ihrer Produkte oder Dienstleistungen zu entwickeln als die Konkurrenz, kann Ihnen den entscheidenden Wettbewerbsvorteil verschaffen.

Noch nie war es so einfach wie heute, Inhalte zu erstellen. Mit Bildern, Videos, Blogbeiträgen und Tweets teilen wir der Welt mit, was wir an unserem Geschäft für wichtig halten. Und für jeden, der Inhalte erstellt, gibt es ein Publikum. Als ich in den 1980er-Jahren begann, Inhalte in Form von Audioprogrammen auf Kassetten zu entwickeln, hätte ich mir beim besten Willen nicht vorstellen können, in was für einer Welt wir heute leben würden. Doch eines Tages habe ich angefangen, meine Audioprogramme zu transkribieren und zu Büchern zu verarbeiten, die ich dann schließlich in Seminare, Workshops oder Online-Kurse umwandelte.

Inzwischen habe ich über 90 Bücher in 55 Sprachen veröffentlicht. Und das alles begann mit einer kurzen zusammenfassenden Darstellung meiner Ideen. Der Content, der sich im Lauf meiner Karriere angesammelt hat, ist auch heute noch der wichtigste Motor meiner Arbeit. Jeder Content ist mit anderen Contents verknüpft wie ein riesiges Netz, das die ganze Welt umspannt. Und all das beginnt mit einem einzigen Bezugspunkt, der sich aus einem Bedürfnis Ihres Kunden ergibt.

Erstellen Sie sowohl aktuelle als auch zeitlose Inhalte

Es gibt zwei verschiedene Arten von Inhalten, die man erstellen kann: *aktuelle* und *zeitlose*. Erstere beruhen auf einem aktuellen Ereignis oder Trend. Mit solchen Inhalten können Sie auf einer Welle der Aufmerksamkeit reiten, die plötzlich auftaucht und dann wieder abklingt. Im Volksmund bezeichnet man das als „Newsjacking".

Die zweite Kategorie von Inhalten ist zeitlos. Genau wie Tannenbäume, die das ganze Jahr über grün bleiben, besitzen sie eine zeitlose Qualität – das heißt, sie sind heute noch ebenso relevant wie in zehn, 20 oder 30 Jahren. Achten Sie darauf, mehr zeitlose als aktuelle Inhalte zu erstellen! Zeitlose Inhalte sind wie ein wertsteigernder Vermögenswert für Ihr Geschäft: Sie erhöhen im Lauf der Zeit nicht nur den Wert Ihres Unternehmens, sondern verleihen Ihrer Marke auch einen höheren Status und sind ein organisches Marketinginstrument, das Sie immer wieder nutzen können.

Die Revolution der Künstlichen Intelligenz

Wenn wir in die Zukunft schauen, sehen wir, dass die KI-Revolution sehr schnell auf uns zurollt. Genau wie das Internet bieten auch die Erfinder von KI-Plattformen ihre Dienste *kostenlos* an. Und immer wenn eine fortschrittliche neue Technologie aus mehreren verschiedenen Quellen frei verfügbar und für alle Menschen leicht zugänglich ist, erwächst daraus eine Revolution. Alle großen Unternehmen werden ihren Kunden KI-Ressourcen zur Verfügung stellen, um ihre bestehenden Geschäftsmodelle zu schützen. KI wird unsere

Welt auf eine Art und Weise verändern, die wir zurzeit noch gar nicht richtig vorhersehen oder begreifen.

Nutzen Sie die neuesten Technologien

KI kann zwar allem Anschein nach wahre Wunder bewirken – aber sie kann nicht so denken wie Sie oder ich. Welche Ergebnisse wir von der KI erhalten, hängt immer noch von den Anweisungen ab, die wir ihr geben. Das Spannende daran ist, dass ein versierter Anwender mit einem tertiären Verständnis eines speziellen Fachgebiets mithilfe von KI außergewöhnliche Dinge bewirken kann.

Der Computer hat das Zeitalter der Schreibmaschine beendet, den Siegeszug durch die ganze Welt angetreten und gleichzeitig auch den Grundstein für die Erfindung und Verbreitung des Internets gelegt. Auch die KI wird Althergebrachtes zerstören; doch aus der Asche des Vergangenen werden sehr spannende neue Errungenschaften entstehen.

ÜBUNG

Überlegen Sie sich drei Bereiche, in denen das Internet Ihr Geschäftsleben verändert. Als Nächstes entwickeln Sie einen Plan und beschließen, die unverzichtbaren neuen Fähigkeiten zu erwerben, die Sie brauchen, um in diesem Feld führend zu sein und Ihre Karriere auf die nächsthöhere Stufe emporzuheben. Nehmen Sie sich vor, jede neue Technologie, die Ihr Geschäft verändert, frühzeitig zu nutzen.

Kapitel 32

Das Gesetz der Reputation

Diesem Gesetz zufolge ist das, was die Leute über Sie sagen und denken, für Ihren Erfolg oder Misserfolg genauso entscheidend wie alles andere, vielleicht sogar noch entscheidender.

Was für einen Ruf haben Sie? Was sagt man hinter Ihrem Rücken über Sie? Wie beschreibt man Sie anderen Menschen gegenüber, die wissen möchten, ob Sie ein guter Mitarbeiter oder Geschäftspartner sind?

In einer geschäftigen, wettbewerbsorientierten Gesellschaft wie der unsrigen gehören diese Fragen zu den wichtigsten, die Sie sich stellen und beantworten müssen. Vor allem aber sollten Sie sich überlegen: Was für eine Reputation möchte ich in Zukunft haben? Und was muss ich von jetzt an Tag für Tag anders machen, um mir diesen Ruf zu erarbeiten?

Man kann niemandem etwas vormachen

Die erste Konsequenz aus dem Gesetz der Reputation lautet *Integrität.* Diese Integrität ist das Maß dafür, wie ehrlich Sie sind und wie sehr man sich darauf verlassen kann, dass Sie genau das tun, was Sie versprochen haben. Das ist die erste Frage, die Menschen sich stellen, wenn sie Sie als Mitarbeiter engagieren, Geld bei Ihnen investieren, mit Ihnen Geschäfte machen oder vielleicht sogar mit Ihnen befreundet sein möchten.

Die zweite Konsequenz aus dem Gesetz der Reputation ist *Mut* – Ihre Fähigkeit, dafür einzutreten, woran Sie glauben, und Risiken einzugehen, um die Ziele Ihres Unternehmens zu erreichen. Winston Churchill hat einmal gesagt: „Mut gilt zu Recht als wichtigste aller Tugenden, denn von ihm hängen alle anderen Tugenden ab."

Die dritte Konsequenz aus dem Gesetz der Reputation ist *Zuverlässigkeit*: Ihre Mitmenschen sollten sich hundertprozentig darauf verlassen können, dass Sie Ihre Zusagen genau so einhalten, wie Sie es versprochen haben, und das pünktlich. Verlässlichkeit wurde sogar schon oft als die wichtigste Fähigkeit im Geschäftsleben bezeichnet. Es gibt nichts, was Führungskräfte mehr zu schätzen wissen als jemanden, dem sie eine Aufgabe übertragen können und dann nicht mehr darüber nachdenken müssen, weil sie wissen, dass diese Aufgabe termingerecht und in akzeptabler Qualität erledigt wird.

Woody Allen ist berühmt für seinen Ausspruch, dass „Erfolg zu 80 Prozent darin besteht, einfach da zu sein". Nur zwei Prozent aller Menschen sind immer pünktlich und gebrauchen keine Ausreden. Jeder kennt diese Leute. Und ihnen scheinen sich stets Türen zu öffnen. Das wird auch Ihnen so ergehen, wenn Sie sich diesen Ruf erwerben! Es gibt sogar eine Spielregel, die besagt, dass man niemals jemanden einstellen sollte, der zu spät zu einem Vorstellungsgespräch kommt.

Alles, was Sie tun, zählt!

Alles, was Sie tun, bringt Ihnen entweder etwas ein oder nimmt Ihnen etwas weg. Es gibt kein neutrales Verhalten. Eine Ihrer Hauptaufgaben im Leben besteht darin, sich mit allem, was Sie tun, den Ruf eines herausragenden Menschen aufzubauen und diesen ständig zu verbessern.

Die vierte Konsequenz aus dem Gesetz der Reputation lautet *Kompetenz*.

Es gibt wohl nichts, was Ihren Ruf mehr verbessern wird, als dafür bekannt zu sein, dass Sie hervorragende Arbeit leisten. Davon hängt letztendlich eine ganze Menge ab: der Respekt, den man Ihnen entgegenbringt, die Höhe Ihres Gehalts, das Tempo, in dem Sie befördert werden, und die Qualität Ihres Lebens.

Die große Belohnung

Die größte Belohnung dafür, sich in diesen vier Lebensbereichen einen hervorragenden Ruf zu erwerben, besteht darin, dass Sie dann sehr stolz auf sich sein werden. Alle Menschen in Ihrem Umfeld werden Sie bewundern und respektieren. Sie werden besser bezahlt und schneller befördert. Also denken Sie, wenn es um Ihren Ruf geht, stets an den wichtigen Grundsatz: „Alles, was Sie tun, zählt!“

Der vielleicht stärkste Multiplikator für Ihre Talente und Fähigkeiten ist das, was andere Menschen über Sie denken und sagen. Davon hängt Ihr ganzes Schicksal ab.

ÜBUNG

Beschließen Sie, sich in allen Bereichen Ihres persönlichen und geschäftlichen Lebens einen exzellenten Ruf zu erwerben. Tun Sie mehr von allem, was Ihren Ruf verbessert. Erstellen Sie eine Liste konkreter Verhaltensweisen, die sich positiv auf Ihre Reputation auswirken und die Sie tagtäglich praktizieren können – zum Beispiel, zu jeder Besprechung pünktlich zu erscheinen. Denken Sie daran: Alles, was Sie tun, zählt!

RESÜMEE

Vier Schlüssel zum finanziellen Erfolg

Wie können Sie anfangen, die Gesetze des Geldes in Ihrem Leben anzuwenden? Es gibt vier wichtige Bereiche, die Ihnen einen guten Ausgangspunkt dafür bieten.

Erstens sollten Sie sich vornehmen, möglichst viel zu verdienen. Tun Sie, was Sie können, um in Ihrem beruflichen Fachgebiet zu brillieren, damit Sie für Ihre Arbeit überdurchschnittlich gut bezahlt werden. Die bestbezahlten 20 Prozent aller Arbeitskräfte in jedem Fachgebiet verdienen 80 Prozent des Geldes, das in diesem Bereich gezahlt wird. Treffen Sie jetzt die Entscheidung, zu diesen 20 Prozent zu gehören.

Der zweite Schlüssel zu finanziellem Erfolg besteht darin, möglichst viel von dem verdienten Geld einzusparen. Denken Sie daran: Auf lange Sicht zählt nicht der Betrag, den Sie verdienen, sondern der Anteil, den Sie von diesem Verdienst *behalten!* Widerstehen Sie der natürlichen Neigung der meisten Menschen, alles, was sie verdienen, auszugeben – und oft sogar noch ein bisschen mehr, auf Kredit. Die meisten Menschen werfen mit ihrem Geld um sich, geben es impulsiv aus und sind am Ende jedes Monats pleite, egal wie viel sie verdienen. Achten Sie darauf, dass Ihnen das nicht passiert.

Überwachen Sie Ihre Ausgaben genau

Der dritte Schlüssel zu finanziellem Erfolg besteht darin, Ihre Lebenshaltungskosten einzuschränken und zu überwachen. Suchen Sie bei allem, was Sie tun, nach Gelegenheiten, sich in *Sparsamkeit* zu üben. Kaufen Sie preiswertere Dinge. Schieben Sie wichtige Kaufentscheidungen einen Tag, eine Woche oder vielleicht sogar einen Monat vor sich her, damit Sie, wenn Sie dann schließlich zugreifen, eine kluge Kaufentscheidung treffen. Wohlhabende Menschen gehen vorsichtig mit ihrem Geld um und denken über jede Ausgabe genau nach. Dadurch sind sie wohlhabend geworden.

Der vierte und letzte Schlüssel zu finanziellem Erfolg besteht darin, Ihr Geld sorgfältig anzulegen und dafür zu sorgen, dass es sich so schnell wie möglich vermehrt. Dank dem Zinseszinseffekt in Kombination mit dem Durchschnittswert der Dollarkosten können Sie innerhalb von ein paar Jahren wohlhabend werden, wenn Sie jeden Monat zehn bis 20 Prozent Ihres Einkommens sparen und investieren – und zwar von Anfang an.

Das goldene Zeitalter

Es ist etwas Wunderbares, in unserer heutigen Zeit zu leben. Noch nie war es so einfach wie heutzutage, mehr zu verdienen, mehr zu sparen, mehr Geld anzusammeln und es schneller zu vermehren. Ihre Aufgabe ist es nun, diese vielen Möglichkeiten voll und ganz auszuschöpfen. Ihr Ziel besteht darin, die Gesetze, die ich in diesem Buch beschrieben habe, anzuwenden, um Ihre finanzielle Bestimmung zu erfüllen und im Lauf Ihres Arbeitslebens wohlhabend zu werden. Viel Glück dabei!

Über den Autor

Brian Tracy ist professioneller Redner, Trainer, Seminarleiter, Berater und Vorstandsvorsitzender von Brian Tracy International, einem Trainings- und Beratungsunternehmen mit Sitz in Solana Beach, Kalifornien.

Brian hat sich seine Lektionen hart erarbeitet: Er ging ohne Abschluss von der Highschool ab und schlug sich mehrere Jahre lang als Hilfsarbeiter durch. Mit Mitte 20 wurde er Verkäufer und begann seinen Aufstieg in der Geschäftswelt. Er hat sich jahrelang eingehend mit allen Ideen, Methoden und Techniken zum geschäftlichen und finanziellen Erfolg beschäftigt, die er in seinen Büchern beschreibt, und sich bis zum Chief Operating Officer eines 276 Millionen Dollar schweren Entwicklungsunternehmens hochgearbeitet.

Im Jahr 1981 begann er seine Erfolgsrezepte im Rahmen von Vorträgen und Seminaren in den ganzen USA publik zu machen. Mittlerweile wurden seine Bücher, Audioprogramme und Videoseminare in über 50 Sprachen übersetzt und werden auf der ganzen Welt genutzt.

Brian ist Bestsellerautor von über 50 Büchern, zum Beispiel: *Keine Ausreden!: Die Kraft der Selbstdisziplin; Ziele: Setzen Verfolgen Erreichen; Eat that Frog: 21 Wege, wie Sie in weniger Zeit mehr erreichen; Die Gesetze des Glückhabens: Das Erfolgssystem, das niemals scheitert; Millionenschwere Gewohnheiten: Bewährte Strategien, um Ihr Einkommen zu verdoppeln und zu verdreifachen; Nicht labern, machen!: Wie Sie in die Gänge kommen und am Ball bleiben* und *Das Maximum-Prinzip: Mehr Erfolg, Freizeit und Einkommen – durch Konzentration auf das Wesentliche.* Er hat mehr als 500 Audio- und Video-Lernprogramme entwickelt, die international eingesetzt werden.

Brian ist glücklich verheiratet und hat vier Kinder. Er lebt in Solana Beach, Kalifornien, und engagiert sich dort aktiv in seiner Gemeinde.

Register